SV



Band 110 der Bibliothek Suhrkamp

Mit César Vallejo (1892?–1938) hat nicht nur Peru sich in die moderne lyrische Weltdichtung eingeschrieben, sondern die junge Dichtergeneration Südamerikas hat in ihm ihr gerühmtes und angebetetes Vorbild entdeckt. Er ist des raffiniertesten Kunstdialekts spanischer Herkunft ebenso fähig wie der elementaren Ausdrucksweise der Peones. Das Ineinander von extremer Kunstsprache und vernutzter Redensart ist seiner Poetik nicht äußerlich: es macht ihren Kern aus.

# César Vallejo
# Gedichte

Spanisch und Deutsch
Übertragung und Nachwort von
Hans Magnus Enzensberger

Suhrkamp Verlag

Erste Auflage dieser Ausgabe 2023

Umschlaggestaltung nach Entwürfen
von Willy Fleckhaus
Druck: Books on Demand GmbH, Norderstedt
Printed in Germany
ISBN 978-3-518-24337-4

www.suhrkamp.de

# César Vallejo  Gedichte

# Los heraldos negros

Hay golpes en la vida, tan fuertes . . . Yo no sé!
Golpes como del odio de Dios; como si ante ellos,
la resaca de todo lo sufrido
se empozara en el alma . . . Yo no sé!

Son pocos, pero son . . . Abren zanjas oscuras
en el rostro más fiero y en el lomo más fuerte.
Serán tal vez los potros de bárbaros atilas;
o los heraldos negros que nos manda la Muerte.

Son las caídas hondas de los Cristos del alma,
de alguna fe adorable que el Destino blasfema.
Esos golpes sangrientos son las crepitaciones
de algún pan que en la puerta del horno se nos quema.

Y el hombre . . . Pobre . . . pobre! Vuelve los ojos, como
cuando por sobre el hombro nos llama una palmada;
vuelve los ojos locos, y todo lo vivido
se empoza, como charco de culpa, en la mirada.

Hay golpes en la vida, tan fuertes . . . Yo no sé!

# Die schwarzen Boten

Es gibt Schläge im Leben, so hart ... Ich begreife es nicht!
Als schlüge Gott zu in seinem Haß; als trieben sie
der Seele die Brandung alles Erlittenen zu
und stauten sie auf in ihr ... Ich begreife es nicht!

Sie kommen nicht oft, doch sie kommen ... Und reißen
        finstere Gräben
ins wildeste Antlitz und in die kräftigsten Lenden.
Wie die Hengste barbarischer Hunnenfürsten
oder die schwarzen Boten, die der Tod nach uns ausschickt.

Die tiefen Abstürze der Gekreuzigten unserer Seele,
eines göttlichen Glaubens den das Verhängnis lästert.
Blutige Schläge: ein anderes Brot platzt auf
unter ihnen, ein Brot das uns verbrennt an der Ofentür.

Und der Mensch ist elend ... elend! Er wendet die Augen,
es trifft ihn wie ein Handschlag auf den Rücken;
er wendet die irren Augen, und alles Erlebte staut sich,
wie eine Pfütze von Schuld, in seinem Blick.

Es gibt Schläge im Leben, so hart ... Ich begreife es nicht!

## La araña

Es una araña enorme que ya no anda;
una araña incolora, cuyo cuerpo,
una cabeza y un abdomen, sangra.

Hoy la he visto de cerca. Y con qué esfuerzo
hacia todos los flancos
sus pies innumerables alargaba.
Y he pensado en sus ojos invisibles,
los pilotos fatales de la araña.

Es una araña que temblaba fija
en un filo de piedra;
el abdomen a un lado,
y al otro la cabeza.

Con tantos pies la pobre, y aun no puede
resolverse. Y, al verla
atónita en tal trance,
hoy me ha dado qué pena esa viajera.

Es una araña enorme, a quien impide
el abdomen seguir a la cabeza.
Y he pensado en sus ojos
y en sus pies numerosos . . .
¡Y me ha dado qué pena esa viajera!

# Die Spinne

Es ist eine riesige Spinne, die nicht vom Fleck kommt,
eine farblose Spinne: Ihr Körper, Kopf
und Hinterleib und sonst nichts, ist voll Blut.

Heute hab ich sie aus der Nähe betrachtet.
Wie hat sie gesucht, mit welcher Mühe
die zahllosen Beine nach allen Seiten gespreizt!
Und ich habe ihrer unsichtbaren Augen gedacht,
der verhängnisvollen Lotsen der Spinne.

Es ist eine Spinne, zitternd,
erstarrt auf steinerner Schneide,
den Hinterleib auf der einen,
auf der andern Seite den Kopf.

Soviel Beine! Und doch hängt sie elend,
benommen im Augenblick der Gefahr,
unschlüssig. Wie hat mich
der Anblick dieser Wegfahrerin heimgesucht!

Es ist eine riesige Spinne, ihr Hinterleib
ist ihr im Weg, sie kann ihrem Kopf nicht folgen.

Und ich habe ihrer Augen gedacht,
der Vielzahl ihrer hilflosen Beine …
Wie hat sie mich heimgesucht, diese Wegfahrerin!

# Heces

Esta tarde llueve, como nunca; y no
tengo ganas de vivir, corazón.

Esta tarde es dulce. Por qué no ha de ser?
Viste gracia y pena; viste de mujer.

Esta tarde en Lima llueve. Y yo recuerdo
las cavernas crueles de mi ingratitud;
mi bloque de hielo sobre su amapola,
más fuerte que su »No seas así!«

Mis violentas flores negras; y la bárbara
y enorme pedrada; y el trecho glacial.
Y pondrá el silencio de su dignidad
con óleos quemantes el punto final.

Por eso esta tarde, como nunca, voy
con este buho, con este corazón.

Y otras pasan; y viéndome tan triste,
tomando un poquito de tí
en la abrupta arruga de mi hondo dolor.

Esta tarde llueve, llueve mucho. ¡Y no
tengo ganas de vivir, corazón!

# Spülicht

Diesen Nachmittag regnets wie nie zuvor; und ich
habe keine Lust mehr zu leben, mein Herz.

Dieser Nachmittag ist so sanft. Warum auch nicht?
Er geht in Anmut und Gram, gekleidet als Frau.

An diesem Nachmittag regnets in Lima, und ich
denk an meines Undanks grausige Höhlen;
an meinen Eisblock auf ihrem Mohn,
harscher als ihr »Du sollst nicht so sein!«

An meine rasenden schwarzen Blumen, den wüsten,
riesigen Steinschlag; und an die eisige Strecke.
Und es wird ihre schweigende Würde den letzten Punkt
mit brennenden Ölen setzen.

Deshalb schlepp ich an diesem Nachmittag und wie nie zuvor
dieses Herz mit mir, diese Eule.

Und andere gehen vorbei und in Anbetracht meiner Trauer
nehmen sie ein Stückchen von dir
aus der steilen Falte meines inneren Grams.

An diesem Nachmittag regnet es, regnet es sehr; und ich
habe keine Lust mehr zu leben, mein Herz.

# Agape

Hoy no ha venido nadie a preguntar;
ni me han pedido en esta tarde nada.

No he visto ni una flor de cementerio
en tan alegre procesión de luces.
Perdóname, Señor: qué poco he muerto!

En esta tarde todos, todos pasan
sin preguntarme ni pedirme nada.

Y no sé qué se olvidan y se queda
mal en mis manos, como cosa ajena.

He salido a la puerta,
y me da ganas de gritar a todos:
Si echan de menos algo, aquí se queda!

Porque en todas las tardes de esta vida,
yo no sé con qué puertas dan a un rostro,
y algo ajeno se toma el alma mía.

Hoy no ha venido nadie;
y hoy he muerto qué poco en esta tarde!

Si lloviera esta noche, retiraríame
de aquí a mil años.

# Agape

Heute hat niemand nach mir gefragt, nichts
hat man mir abverlangt an diesem Nachmittag.

Keine einzige Friedhofsblume hab ich gesehen
in diesem heiteren Lichterzug.
Vergib mir, Herr: wie wenig bin ich gestorben!

An diesem Nachmittag gehen alle, alle vorbei
und fragen mich nichts, nichts verlangt man mir ab.

Und ich weiß nicht was sie vergaßen und was mir
arg in den Händen bleibt, wie etwas Fremdes.

Ich bin zur Tür gegangen
und möchte am liebsten rufen:
Wenn ihr etwas braucht, hier ist genug!

Denn an all den Nachmittagen dieses Lebens
werfen sie mir, ich weiß nicht was für Türen zu vor der
Nase
und etwas Fremdartiges fängt sich in meiner Seele.

Heute ist niemand gekommen, und ich bin so wenig
gestorben an diesem Nachmittag!

Wenn es regnete heute nacht, ich zöge mich
um tausend Jahre zurück.

Mejor a cien no más.
Como si nada hubiese ocurrido, haría
la cuenta de que vengo todavía.

O sin madre, sin amada, sin porfía
de agacharme a aguaitar al fondo, a puro
pulso,
esta noche así, estaría escarmenando
la fibra védica,
la lana védica de mi fin final, hilo
del diantre, traza de haber tenido
por las narices
a dos badajos inacordes de tiempo en una misma
campana.

Haga la cuenta de mi vida
o haga la cuenta de no haber aún nacido,
no alcanzaré a librarme.

No será lo que aún no haya venido, sino
lo que ha llegado y ya se ha ido,
sino lo que ha llegado y ya se ha ido.

Oder vielmehr um hundert.
Als wäre gar nichts geschehen, gäbe ich vor:
ich käme erst, ich wäre noch unterwegs.

Ohne Mutter, ohne Geliebte, ohne Geduld,
mich zu ducken und aus eigener Kraft
auf den Grund zu lauern,
flickte ich heute nacht den Veden am Zeug,
strafte Lügen das Veden-Garn
meines endlichen Endes,
den Henker-Faden, die Spur
an der Nase
der beiden zeitlichen Klöppel, mißtönend in ein und
derselben Glocke.

Ob ich mein Leben auf- und abrechne,
ob ich vorgebe, ich wäre noch nicht geboren:
es will mir doch nicht gelingen, mich zu befreien.

Nicht kommt heraus, was noch nicht kam, sondern das,
was geschehen ist, und ist schon vergangen,
sondern das was geschehen ist, und ist schon vorbei.

# Espergesía

Yo nací un día
que Dios estuvo enfermo.

Todos saben que vivo,
que soy malo; y no saben
del Diciembre de ese Enero.
Pues yo nací un día
que Dios estuvo enfermo.

Hay un vacío
en mi aire metafísico
que nadie ha de palpar:
el claustro de un silencio
que habló a flor de fuego.

Yo nací un día
que Dios estuvo enfermo.

Hermano, escucha, escucha . . .
Bueno. Y que no me vaya
sin llevar diciembres,
sin dejar eneros.
Pues yo nací un día
que Dios estuvo enfermo.

Todos saben que vivo,
que mastico . . . Y no saben

## Erwachen

Am Tage meiner Geburt
war Gott krank.

Alle wissen es, daß ich lebe,
daß ich böse bin; und wissen nichts davon,
daß dieser Januar einen Dezember hat.
Denn am Tage meiner Geburt
war Gott krank.

Es ist ein Loch
in meinem metaphysischen Wesen,
daran soll keiner rühren;
die Zuflucht eines Schweigens,
das flammenhoch sprach.

Am Tage meiner Geburt
war Gott krank.

Horch, Bruder, horch ...
Auch gut. Es ist besser, ich gehe
und nehme mit die Dezember
und lasse die Januare zurück.
Denn am Tage meiner Geburt
war Gott krank.

Alle wissen es, daß ich lebe,
daß ich kaue ... Und wissen nicht,

por qué en mi verso chirrian
oscuro sinsabor de féretro,
luyidos vientos
desenroscados de la Esfinge
preguntona del Desierto.

Todos saben . . . Y no saben
que la Luz es tísica,
y la Sombra gorda . . .
Y no saben que el Misterio sintetiza . . .
que él es la joroba
musical y triste que a distancia denuncia
el paso meridiano de las lindes a las Lindes.

Yo nací un día
que Dios estuvo enfermo,
grave.

warum durch meine Verse,
als dunkler Abergeschmack des Sarges,
die verschlissenen Winde pfeifen,
entrollt von der Sphinx,
der ewigen Fragerin in der Wüste.

Alle wissen es ... Und wissen nicht,
daß das Licht schwindsüchtig ist
und der Schatten feist ...
Nicht, daß das Geheimnis alles Getrennte verbindet ...
daß es der traurige, musikalische Buckel ist,
der von weitem verrät, wo die Grenzen
im Mittag zur Grenze hin übergehn.

Am Tage meiner Geburt
war Gott krank,
schwer krank.

## Dobla el dos de Noviembre

Estas sillas son buenas acogidas.
La rama del presentimiento
va, viene, sube, ondea sudorosa,
fatigada en esta sala.
Dobla triste el dos de Noviembre

Difuntos, qué bajo cortan vuestros dientes
abolidos, repasando ciegos nervios,
sin recordar la dura fibra
que cantores obreros redondos remiendan
con cáñamo inacabable, de innumerables nudos
latientes de encrucijada.

Vosotros, difuntos, de las nítidas rodillas
puras a fuerza de entregaros,
cómo aserráis el otro corazón
con vuestas blancas coronas, ralas
de cordialidad. Sí. Vosotros, difuntos.

Dobla triste el dos de Noviembre.
Y la rama del presentimiento
se la muerde un carro que simplemente
rueda por la calle.

# Zu Grabe läutet der zweite November

Diese Stühle sind eine gute Zuflucht.
Der Zweig der Vorahnung weht,
geht, kommt, schwankt, schweißbedeckt,
ermattet, durch dieses Zimmer.
Traurig läutet der zweite November zu Grab.

Ihr Toten, wie tief grabt ihr euer Gebiß ein,
das ausgelöschte, bis es den blinden Nerv berührt,
ohne an das harte Gewebe zu denken,
das die runden Arbeiter flicken, singend,
flicken mit endlosem Hanf, Knoten
schlagen und zuckende Kreuzstiche ohne Zahl.

Ihr Toten mit den deutlichen Knien,
durch Ergebung geläutert,
wie schneidet ihr in das andere Herz
mit euren weißen Kränzen. Euch fehlts
an Herzlichkeit. Ja, ihr Toten.

Traurig läutet der zweite November zu Grab.
Und in den Zweig der Vorahnung
verbeißt sich ein Karren, der einfach
die Straße heraufgerollt kommt.

## Intensidad y altura

Quiero escribir, pero me sale espuma,
quiero decir muchísimo y me atollo;
no hay cifra hablada que no sea suma,
no hay pirámide escrita, sin cogollo.

Quiero escribir, pero me siento puma;
quiero laurearme, pero me encebollo.
No hay voz hablada, que no llegue a bruma,
no hay dios ni hijo de dios, sin desarrollo.

Vámonos, pues, por eso, a comer yerba,
carne de llanto, fruta de gemido,
nuestra alma melancólica en conserva.

Vámonos! Vámonos! Estoy herido;
vámonos a beber lo ya bebido,
vámonos, cuervo, a fecundar tu cuerva.

## Nachdruck und Gipfel

Ich schäume aus dem Mund, statt daß ich schriebe;
was ich zu sagen hätte, wird im Kot ersäuft;
das Zahlwort zählt, das sich zur Summe häuft;
aus der geschriebnen Pyramide schlagen Triebe.

Als Puma fühl ich mich, statt daß ich schriebe,
mit Zwiebeln statt mit Lorbeer überhäuft;
kein Wort, das nicht im Nebel sich verläuft;
kein Gott, kein Sohn, der Sohn und göttlich bliebe.

Tritt also ab! Tritt hin! Iß Gras vom Grabe,
iß Tränenfleisch und Obst aus Gram und Schrunden,
der eingemachten Seele trüben Habe.

Tritt hin! Tritt hin! Ich lecke meine Wunden.
Tritt hin! Laß dir das Ausgetrunkne munden!
Tritt hin und schwängre deine Räbin, Rabe!

# Piedra negra sobre una piedra blanca

Me moriré en París con aguacero,
un día del cual tengo ya el recuerdo.
Me moriré en París – y no me corro –
Talvez un jueves, como es hoy, de otoño.

Jueves será, porque hoy, jueves, que proso
estos versos, los húmeros me he puesto
a la mala y, jamás como hoy, me he vuelto,
con todo mi camino, a verme solo.

César Vallejo ha muerto, le pegaban
todos sin que él les haga nada;
le daban duro con un palo y duro

también con una soga; son testigos
los días jueves y los huesos húmeros,
la soledad, la lluvia, los caminos . . .

# Schwarzer Stein auf weißem Stein

Ich werde sterben in Paris, mit Wolkenbrüchen,
schon heut erinnre ich mich jenes Tages.
Ich werde sterben in Paris, warum auch nicht,
an einem Donnerstag vielleicht, wie heut, im Herbst.

Ein Donnerstag wird sein; denn heut, am Donnerstag,
da ich dies sage, tun mir meine Knochen weh;
noch nie wie heute hab ich mich allein
und meinen Weg erblickt von unserm Ende her.

Tot ist César Vallejo. Eingeschlagen
habt ihr auf ihn. Er hat euch nichts getan.
Mit einem Stock gabt ihr ihm Saures, Saures

mit einem Tau. Die Donnerstage
sind seine Zeugen, Zeugen seine Knochen,
der Regen, die Verlassenheit, die Straßen . . .

# París, Octubre 1936

De todo esto yo soy el único que parte.
De este banco me voy, de mis calzones,
de mi gran situación, de mis acciones,
de mi número hendido parte a parte,
de todo esto yo soy el único que parte.

De los Campos Elíseos o al dar vuelta
la extraña callejuela de la Luna,
mi defunción se va, parte mi cuna,
y, rodeada de gente, sola, suelta,
mi semejanza humana dase vuelta
y despacha sus sombras una a una.

Y me alejo de todo, porque todo
se queda para hacer la coartada:
mi zapato, su ojal, también su lodo
y hasta el doblez del codo
de mi propia camisa abotonada.

## Paris, Oktober 1936

Dies alles bleibt zurück; nur ich geh fort,
laß ab von dieser Bank und meinen Schuhn,
von meiner Position und meinem Tun;
durchaus zerfetzt liegt meine Nummer dort:
Dies alles bleibt zurück; nur ich geh fort.

Hin und zurück durch die Champs-Elysées
und durch die sonderbare Gasse de la Lune
laß meinen Todesfall ich, meine Wiege ziehn;
umstellt von Leuten, ganz vereinzelt, jäh
sagt mir mein menschlich Ebenbild ade
und blättert alle seine Schatten hin.

Mir wird was hier bleibt samt und sonders fremd.
Ein jeglich Ding ist ein bestochner Zeuge:
am Schuh die Öse und der angeschwemm-
te Schmutz, sogar der Knick der Ellenbeuge
an meinem eignen zugeknöpften Hemd.

## Despedida recordando un adiós

Al cabo, al fin, por último,
torno, volví y acábome y os gimo, dándoos
la llave, mi sombrero, esta cartita para todos.
Al cabo de la llave está el metal en que aprendiéramos
a desdorar el oro, y está, al fin
de mi sombrero, este pobre cerebro mal peinado,
y, último vaso de humo, en su papel dramático,
yace este sueño práctico del alma.

Adiós, hermanos san pedros,
heráclitos, erasmos, espinozas!
Adiós, tristes obispos bolcheviques!
Adiós, gobernadores en desorden!
Adiós, vino que está en el agua como vino!
Adiós, alcohol que está en la lluvia!

Adiós, también, me digo a mí mismo,
adiós, vuelo formal de los milígramos!
También adiós, de modo idéntico,
frío del frío y frío del calor!

Al cabo, al fin, por último, la lógica,
los linderos del fuego,
la despedida recordando aquel adiós.

# Abschied zur Erinnerung an ein Adieu

Schließlich, am Ende, zuletzt
dreh ich mich um, habe mich abgewandt, nehme ein Ende
und gebe euch
ächzend den Schlüssel, den Hut und dieses Briefchen an alle.
Am Ende des Schlüssels ist das Metall, an dem wir das Gold
zu entgolden gelernt haben, und dort, am Schluß
meines Hutes ist dieses armselige, schlecht gekämmte Gehirn,
und hier ruht, zuletzt, in seiner dramatischen Rolle,
der praktische Traum der Seele, ein Gefäß voller Rauch.

Adieu, ihr Brüder in Petro,
in Heraklit, in Erasmus und in Spinoza!
Adieu, ihr traurigen bolschewistischen Bischöfe!
Adieu, ihr Herrscher ohne Beherrschung!
Adieu, Wein, der du Wein bist im Wasser!
Adieu, Alkohol, der im Regen wohnt!

Adieu, ich rufe es auch mir selber zu,
adieu, förmlicher Wirbel der Milligramme!
Adieu, auch du und nicht minder,
Kälte aus Kälte und Kälte aus Hitze geboren!

Schließlich, am Ende, zuletzt, die Logik,
die Grenzen des Feuers,
der Abschied zur Erinnerung an dieses Adieu.

## Un hombre pasa

Un hombre pasa con un pan al hombro.
¿Voy a escribir, después, sobre mi doble?

Otro se sienta, ráscase, extrae un piojo de su axila, mátalo.
Con qué valor hablar del psicoanálisis?

Otro ha entrado a mi pecho con un palo en la mano
Hablar luego de Sócrates al médico?

Un cojo pasa dando el brazo a un niño
Voy, después, a leer a André Bretón?

Otro tiembla de frío, tose, escupe sangre
Cabrá aludir jamás al Yo profundo?

Otro busca en el fango huesos, cáscaras
Cómo escribir, después, del infinito?

Un albañil cae de un techo, muere y ya no almuerza
Innovar, luego, el tropo, la metáfora?

Un comerciante roba un gramo en el peso a un cliente
Hablar, después, de cuarta dimensión?

# Ein Mann geht vorbei

Ein Mann geht vorbei mit einem Brot auf der Schulter.
Wie soll ich da über mein Double schreiben?

Einer setzt sich hin, kratzt sich, fängt unterm Arm eine Laus,
bringt sie um.
Was soll das Gerede über die Psychanalyse?

Ein andrer ist mit einem Stock in meine Brust eingedrungen.
Soll ich mich vielleicht mit dem Arzt über Sokrates
unterhalten?

Ein Holzbein kommt vorbei mit einem Kind an der Hand.
Was hilft es da, André Breton zu lesen?

Ein andrer zittert vor Kälte, hustet, spuckt Blut.
Ist da ein Hinweis auf das Ich an sich angebracht?

Noch einer sucht im Dreck nach Kartoffelschalen und
Knochen.
Wie kann man da über das Unendliche schreiben?

Ein Maurer fällt vom Gerüst und hat seine letzte Semmel
gegessen.
Und die Erneuerung der Tropik sowie der Metapher?

Ein Händler betrügt den Käufer um ein Gramm Gewicht.
Was soll uns das Geschwätz über die vierte Dimension?

Un banquero falsea su balance
Con qué cara llorar en el teatro?

Un paria duerme con el pie a la espalda
Hablar, después, a nadie de Picasso?

Alguien va en un entierro sollozando
Cómo luego ingresar a la Academia?

Alguien limpia un fusil en su cocina
Con qué valor hablar del más allá?

Alguien pasa contando con sus dedos
Cómo hablar del no-yo sin dar un grito?

Ein Bankier fälscht seine Bilanz.
Und da gibt es Gesichter, die weinen im Schauspielhaus?

Ein Paria schläft mit dem Fuß auf dem Rücken.
Sollen wir miteinander über Picasso reden?

Irgendjemand geht schluchzend zu einem Begräbnis.
Wie ist es möglich, gewählt zu werden in die Akademie?

Einer putzt sein Gewehr in der Küche.
Welchen Wert hat es da, vom Jenseits zu sprechen?

Einer geht vorbei und rechnet mit seinen Fingern.
Ist es möglich, das Nicht-Ich zu erwähnen, ohne zu schreien?

## Masa

Al fin de la batalla,
y muerto el combatiente, vino hacia él un hombre
y le dijo: »¡No mueras; te amo tanto!«
Pero el cadáver ¡ay! siguió muriendo.

Se le acercaron dos y repitiéronle:
»¡No nos dejes! ¡Valor! ¡Vuelve a la vida!«
Pero el cadáver ¡ay! siguió muriendo.

Acudieron a él veinte, cien, mil, quinientos mil,
clamando: »¡Tanto amor, y no poder nada contra la muerte!«
Pero el cadáver ¡ay! siguió muriendo.

Le rodearon millones de individuos,
con un ruego común: »¡Quédate hermano!«
Pero el cadáver ¡ay! siguió muriendo.

Entonces, todos los hombres de la tierra
le rodearon; les vio el cadáver triste, emocionado:
incorporóse lentamente,
abrazó al primer hombre; echóse a andar . . .

## Die Vielen

Am Ende der Schlacht,
und der Krieger war tot, trat ein Mann auf ihn zu
und sagte zu ihm: »Stirb nicht; denn du bist mir lieb!«
Ach, der Leichnam starb weiter.

Und es kamen zwei Männer herbei und sprachen ihm zu:
»Verlaß uns nicht! Schöpf Mut! Kehr zu uns zurück!«
Ach, der Leichnam starb weiter.

Und es kamen zwanzig, hundert, tausend zu Hilfe,
fünfhunderttausend
und riefen: »Soviel Liebe, und sie vermag nichts gegen den
Tod!«
Ach, der Leichnam starb weiter.

Und es umgaben ihn viele Millionen
und es baten ihn alle: »Bleib, Bruder, bleib!«
Ach, der Leichnam starb weiter.

Endlich umringten ihn alle Menschen der Erde;
der traurige Leichnam sah es und war bewegt;
richtete sich sehr langsam auf,
umarmte den ersten Besten, stand auf und ging ...

# Pequeño responso
# a un héroe de la república

Un libro quedó al borde de su cintura muerta,
un libro retoñaba de su cadáver muerto.
Se llevaron al héroe,
y corpórea y aciaga entró su boca en nuestro aliento;
sudamos todos, el ombligo a cuestas;
caminantes las lunas nos seguían;
también sudaba de tristeza el muerto.

Y un libro, en la batalla de Toledo,
un libro, atrás un libro, arriba un libro, retoñaba del cadáver.

Poesía del pómulo morado, entre el decirlo
y el callarlo,
poesía en la carta moral que acompañara
a su corazón.
Quedóse el libro y nada más, que no hay
insectos en la tumba,
y quedó al borde de su manga el aire remojándose
y haciéndose gaseoso, infinito.

Todos sudamos, el ombligo a cuestas,
también sudaba de tristeza el muerto
y un libro, yo lo vi sentidamente,
un libro, atrás un libro, arriba un libro
retoñó del cadáver exabrupto.

# Kleines Responsorium für einen Helden der Republik

Ein Buch blieb liegen am Rand seines toten Gürtels,
ein Buch trieb Zweige aus seinem toten Leichnam.
Sie trugen den Helden fort
und leiblich und unheilschwanger ging sein Mund ein in
unsern Atem;
wir schwitzten alle, auf dem Rücken den Nabel;
die wandernden Monde liefen uns nach;
auch der Tote schwitzte, vor Trauer.

Und ein Buch, in der Schlacht von Toledo,
ein Buch, ein Buch hinten, ein Buch oben trieb aus dem
Leichnam Zweige.

Poesie des maulbeerblauen Jochbeins, zwischen Sagen
und Schweigen,
Poesie im moralischen Brief, der lag
seinem Herzen bei.
Das Buch blieb liegen, sonst nichts, denn im Grab
gibt es keine Insekten,
und es blieb am Rand seines Ärmels die Luft und sog sich voll
und verdunstete ohne Ende.

Wir schwitzen alle, auf dem Rücken den Nabel,
auch der Tote schwitzte, vor Trauer;
und ein Buch, ich hab es empfindlich gesehen,
ein Buch hinten, ein Buch oben, ein Buch
hat aus dem jähen Leichnam Zweige getrieben.

## Cuídate, España, de tu propia España

¡Cuídate, España, de tu propia España!
¡Cuídate de la hoz sin el martillo!
¡Cuídate del martillo sin la hoz!
¡Cuidate de la víctima a pesar suyo,
del verdugo a pesar suyo
y del indiferente a pesar suyo!
¡Cuídate del que, antes de que cante el gallo,
negárate tres veces,
y del que te negó, después, tres veces!
¡Cuídate de las calaveras sin las tibias,
y de las tibias sin las calaveras!
¡Cuídate de los nuevos poderosos!
¡Cuídate del que come tus cadáveres,
del que devora muertos a tus vivos!
¡Cuídate del leal ciento por ciento!
¡Cuídate del cielo más acá del aire
y cuídate del aire más allá del cielo!
¡Cuídate de los que te aman!
¡Cuídate de tus héroes!
¡Cuídate de tus muertos!
¡Cuídate de la República!
¡Cuídate del futuro!...

## Spanien, gib acht

Spanien, gib acht auf dein innerstes Spanien!
Gib acht auf die Sichel ohne den Hammer!
Gib acht auf den Hammer ohne die Sichel!
Gib acht auf das Opfer wider Willen,
auf den Henker wider Willen,
auf den Gleichgültigen wider Willen!
Gib acht auf den der dich dreimal verleugnen wird
vor dem Hahnenschrei,
und auf den der dich danach noch dreimal verleugnet hat!
Gib acht auf die Totenschädel die kein Schienbein
und auf die Schienbeine die keinen Schädel mehr haben!
Gib acht auf die neuen Mächtigen!
Gib acht auf den der deine Leichname frißt,
auf den der deine Lebenden wie Tote verschlingt!
Gib acht auf den allzu Linientreuen!
Gib acht auf den Himmel diesseits der Luft
und auf die Luft jenseits des Himmels!
Gib auf alle acht, die dich lieben!
Gib acht auf deine Helden!
Gib acht auf deine Toten!
Gib acht auf die Republik!
Gib auf die Zukunft acht!

# Y no me digan nada

Y no me digan nada,
que uno puede matar perfectamente,
ya que, sudando tinta,
uno hace cuanto puede, no me digan . . .

Volveremos, señores, a vernos con manzanas;
tarde la criatura pasará,
la expresión de Aristóteles armada
de grandes corazones de madera,
la de Heráclito injerta en la de Marx,
la del suave sonando rudamente . . .
Es lo que bien narraba mi garganta:
uno puede matar perfectamente.

Señores,
caballeros, volveremos a vernos sin paquetes;
hasta entonces exijo, exigiré de mi flaqueza
el acento del día, que,
según veo, estuvo ya esperándome en mi lecho.
Y exijo del sombrero la infausta analogía del recuerdo,
ya que, a veces, asumo con éxito mi inmensidad llorada,
ya que, a veces, me ahogo en la voz de mi vecino

# Das weiß ich selber

Das weiß ich selber, nur allzugut,
daß man ohne weiteres töten kann,
da man doch, Tinte schwitzend,
ohnehin tut was man kann. Das weiß ich selber ...

Wir sprechen uns noch, meine Herren, und zwar ohne
Umschweif;
spät erst wird das Geschöpf eintreffen,
von dem Aristoteles sprach, gewappnet
mit großen Herzen aus einem Stoff
von Heraklits Stoff, versetzt mit dem Stoff von Marx,
dem zarten Stoff, der klingt als wäre er hart ...
Das ist es ja, was meine Gurgel mir sagt:
Man kann ohne weiteres töten.

Meine Herren,
Gentlemen, wir sprechen uns noch und zwar ohne Bürde,
aber bis dahin fordere ich meinem Kleinmut, und dies auch
in Zukunft,
den Tonfall jenes fernen Tages ab, der,
wie ich sehe, mich auf meinem Lager erwartet.
Und ich verlange vom Hut, daß er mich an das Andenken,
das verhängnisvolle, erinnre,
da ich ohnehin, ganz und gar, mein Tränen-Unmaß auf mich
nehme,
da ich ohnehin, ab und zu, in der Stimme meines Nachbarn
ersticke

y padezco
contando en maíces los años,
cepillando mi ropa al son de un muerto
o sentado borracho en mi ataúd . . .

und leide,
indem ich wie Maiskörner meine Jahre zähle,
meine Kleider bürste beim Schall eines Toten,
indem ich sitze, berauscht, in meinem eigenen Sarg.

## Los nueve monstruos

Y, desgraciadamente,
el dolor crece en el mundo a cada rato,
crece a treinta minutos por segundo, paso a paso,
y la naturaleza del dolor, es el dolor dos veces
y la condición del martirio, carnívora, voraz,
es el dolor, dos veces
y la función de la yerba purísima, el dolor
dos veces
y el bien de ser, dolernos doblemente.

Jamás, hombres humanos,
hubo tanto dolor en el pecho, en la solapa, en la cartera,
en el vaso, en la carnicería, en la aritmética!
Jamás tanto cariño doloroso,
jamás tan cerca arremetió lo lejos,
jamás el fuego nunca
jugó mejor su rol de frío muerto!
Jamás, Señor Ministro de Salud, fué la salud
más mortal
y la migraña extrajo tanta frente de la frente!
Y el mueble tuvo en su cajón, dolor,
el corazón, en su cajón, dolor,
la lagartija, en su cajón, dolor.

# Die neun Ungeheuer

Und es nimmt zu, als ein Verhängnis,
der Schmerz in der Welt mit jedem Augenblick,
nimmt zu mit jeder Sekunde um dreißig Minuten, Schritt um
Schritt,
und das Wesen des Schmerzes, das ist der Schmerz noch
einmal,
und die Bedingung des Martyriums, fleischfressend und
nimmersatt,
das ist noch einmal der Schmerz,
und der Zweck des reinsten Grases: der Schmerz
noch einmal,
und die Gabe des Lebens, sie schmerzt uns doppelt.

Niemals, Menschen von Menschenart,
gab es soviel Schmerz in der Brust, im Knopfloch, in der
Aktentasche,
im Blutgefäß, in der Metzgerei, in der Arithmetik!
Niemals soviel schmerzhafte Liebe,
niemals griff die Ferne so wild in die Nähe,
nie und nimmer hat das Feuer so gut
seine kalte Todesrolle gespielt!
Nie, Herr Staatssekretär für das Seelenheil, war das
Seelenheil tödlicher,
niemals zog der Kopfschmerz soviel Stirn aus der Stirn!
Und das Möbel fand in seiner Schublade: Schmerz,
das Herz, in seiner Schublade: Schmerz,
die Eidechse, in ihrer Schublade: Schmerz.

Crece la desdicha, hermanos hombres,
más pronto que la máquina, a diez máquinas, y crece
con la res de Rousseau, con nuestras barbas;
crece el mal por razones que ignoramos
y es una inundación con propios líquidos,
con propio barro y propia nube sólida!
Invierte el sufrimiento posiciones, da función
en que el humor acuoso es vertical
al pavimento,
el ojo es visto y esta oreja oída,
y esta oreja da nueve campanadas a la hora
del rayo, y nueve carcajadas
a la hora del trigo, y nueve sones hembras
a la hora del llanto, y nueve cánticos
a la hora del hambre, y nueve truenos
y nueve látigos, menos un grito.

El dolor nos agarra, hermanos hombres,
por detrás, de perfil,
y nos aloca en los cinemas,
nos clava en los gramófonos,
nos desclava en los lechos, cae perpendicularmente
a nuestros boletos, a nuestras cartas;
y es muy grave sufrir, puede uno orar . . .
Pues de resultas
del dolor, hay algunos
que nacen, otros crecen, otros mueren,

Es nimmt zu das Elend, Menschen, Geschwister,
schneller als die Maschine, zehnmal so schnell, und nimmt zu
mit Rousseaus Rind, mit unsern Bärten,
das Übel nimmt zu aus Gründen, die wir nicht kennen,
und es ist eine Überschwemmung, die ihre eigene Flüssigkeit,
ihren eigenen Kot mitbringt, ihr eignes festes Gewölk!
Das Leiden kehrt alles um, es macht,
daß die Nässe senkrecht das Pflaster anfeuchtet,
das Auge wird selbst gesehn und das Ohr gehört,
und dieses Ohr schlägt neunmal die Stunde an,
zur Stunde des Blitzschlags, und neun Gelächter
zur Stunde des Weizens, und neun weibliche Laute
zur Stunde des Weinens, und neun Gesänge
zur Stunde des Hungers, und neun Donnerschläge
und neun Peitschenhiebe weniger einen Schrei.

Der Schmerz fällt uns an, Menschen, Geschwister,
von hinten, von seitwärts,
und betäubt uns in den Kinos,
nagelt uns an die Grammophone,
läßt uns los in den Betten, fällt lotrecht
auf unsre Fahrscheine, auf unsre Briefe;
und es ist sehr folgenschwer, zu leiden, mag einer auch
beten . . .
Ferner kommen infolge des Schmerzes
manche zur Welt, andere wachsen auf, andere sterben,

y otros que nacen y no mueren, y otros
que sin haber nacido, mueren, y otros
que no nacen ni mueren (Son los más).
Y también de resultas
del sufrimiento, estoy triste
hasta la cabeza, y más triste hasta el tobillo,
de ver al pan, crucificado, al nabo,
ensangrentado,
llorando, a la cebolla,
al cereal, en general, harina,
a la sal, hecha polvo, al agua, huyendo,
al vino, un ecce-homo,
tan pálida a la nieve, al sol tan ardio!

Cómo, hermanos humanos,
no deciros que ya no puedo y
ya no puedo con tanto cajón,
tanto minuto, tanta
lagartija y tanta
inversión, tanto lejos y tanta sed de sed!
Señor Ministro de Salud: qué hacer?
Ah! desgraciadamente, hombres humanos,
hay, hermanos, muchísimo que hacer.

und andere kommen zur Welt und sterben nicht, andre
sterben, ohne zur Welt gekommen zu sein, und andre
kommen weder zur Welt noch sterben sie. (Das sind die
meisten.)
Und ferner bin ich infolge des Leidens
betrübt bis an mein Haupt hin, und betrübter noch bis an
die Knöchel,
daß ich das Brot sehen muß, gekreuzigt, die Rübe
blutüberströmt,
weinend, die Zwiebel,
das Getreide im allgemeinen, das Mehl,
das Salz, zermürbt, das Wasser auf der Flucht,
den Wein in der Dornenkrone,
den Schnee so bleich, die Sonne so heiß!

Wie soll ich, Menschen, Geschwister,
etwas anderes sagen, als: ich kann nicht länger,
und kann nicht länger: angesichts dieser Schublade,
dieser Minute, dieser
Eidechse und dieser
Umkehrung, dieser Ferne, und dieses Durstes nach Durst!
Herr Staatssekretär für das Seelenheil, was sollen wir tun?
Ach! als ein Verhängnis, Menschen von Menschenart,
es ist, Geschwister, so viel, so vieles zu tun.

# El momento más grave de la vida

Un hombre dijo:
El momento más grave de mi vida estuvo en la batalla del Marne, cuando fuí herido en el pecho.

Otró hombre dijo:
El momento más grave de mi vida, ocurrió en un maremoto de Yokohama, del cual salvé milagrosamente, refugiado bajo el alero de una tienda de lacas.

Y otro hombre dijo:
El momento más grave de mi vida acontece cuando duermo de día.

Y otro dijo:
El momento más grave de mi vida ha estado en mi mayor soledad.

Y otro dijo:
El momento más grave de mi vida fue mi prisión en una cárcel del Perú.

Y otro dijo:
El momento más grave de mi vida es el haber sorprendido de perfil a mi padre.

Y el último hombre dijo:
El momento más grave de mi vida no ha llegado todavía.

# Der gefährlichste Augenblick des Lebens

Ein Mann sprach:
Der gefährlichste Augenblick meines Lebens kam in der Marneschlacht, als mich eine Kugel in die Brust traf.

Ein anderer Mann sprach:
Der gefährlichste Augenblick meines Lebens kam bei einer Springflut in Yokohama, der ich wie durch ein Wunder, unterm Vordach eines Lackwarenladens, entronnen bin.

Und ein anderer Mann sprach:
Der gefährlichste Augenblick meines Lebens kommt, wenn ich untertags schlafe.

Und ein anderer sprach:
Der gefährlichste Augenblick meines Lebens ist gekommen, als ich am einsamsten war.

Und ein anderer sprach:
Der gefährlichste Augenblick meines Lebens kam, als ich in Perú im Gefängnis saß.

Und ein anderer sprach:
Der gefährlichste Augenblick meines Lebens ist, daß ich meinen Vater im Profil überrascht habe.

Und der letzte Mann sprach:
Der gefährlichste Augenblick meines Lebens ist noch nicht gekommen.

# Me viene, hay dias, una gana

Me viene, hay días, una gana ubérrima, política,
de querer, de besar al cariño en sus dos rostros,
y me viene de lejos un querer
demostrativo, otro querer amar, de grado o fuerza,
al que me odia, al que rasga su papel al muchachito,
a la que llora por el que lloraba,
al rey del vino, al esclavo del agua,
al que ocultóse en su ira,
al que suda, al que pasa, al que sacude su persona en mi alma.
Y quiero, por lo tanto, acomodarle
al que me habla, su trenza; sus cabellos, al soldado;
su luz, al grande; su grandeza, al chico.
Quiero planchar directamente
un pañuelo al que no puede llorar
y, cuando estoy triste o me duele la dicha,
remendar a los niños y a los genios.

Quiero ayudar al bueno a ser su poquillo de malo
y me urge estar sentado
a la diestra del zurdo, y responder al mudo,
tratando de serle útil en
lo que puedo, y también quiero muchísimo

# An manchen Tagen

An manchen Tagen kommt mich eine sehr üppige, politische
Lust an
zu lieben, die Zuneigung auf ihre beiden Gesichter zu küssen,
und es kommt mich von weitem ein demonstrativer,
ein anderer Wunsch an, im guten oder im bösen, zu lieben
den der mich haßt, den der dem kleinen Jungen sein Papier
zerreißt,
die Frau, die um einen weint, der geweint hat,
den Weinkönig, den Wassersklaven,
den der sich in seinem Zorn verborgen hat,
den der schwitzt, den der vorbeigeht, den der seine
Person in meiner Seele ausschüttelt.
Und ich möchte infolgedessen dem, der mit mir spricht,
seinen Zopf richten, dem Soldaten sein Haar;
dem großen Mann sein Licht; und dem kleinen seine Größe.
Ich möchte unverzüglich ein Taschentuch bügeln
für den der nicht weinen kann
und wenn ich traurig bin oder das Glück tut mir weh,
möcht ich die Kinder flicken und die Genies.

Dem Guten möchte ich helfen ein klein wenig böse zu sein
und ich möchte um jeden Preis
zur Rechten des Linkshänders sitzen, dem Stummen
antworten,
ihm nützlich sein soweit ichs
vermag, und ferner möchte ich unbedingt

lavarle al cojo el pie,
y ayudarle a dormir al tuerto próximo.

Ah querer, éste, el mío, éste, el mundial,
interhumano y parroquial, provecto!
Me viene al pelo,
desde el cimiento, desde la ingle pública,
y, viniendo de lejos, da ganas de besarle
la bufanda al cantor,
y al que sufre, besarle en su sartén,
al sordo, en su rumor craneano, impávido;
al que me da lo que olvidé en mi seno,
en su Dante, en su Chaplin, en sus hombros.

Quiero, para terminar,
cuando estoy al borde célebre de la violencia
o lleno de pecho el corazón, querría
ayudar a reír al que sonríe,
ponerle un pajarillo al malvado en plena nuca,
cuidar a los enfermos enfadándolos,
comprarle al vendedor,
ayudarle a matar al matador – cosa terrible –
y quisiera yo ser bueno conmigo
en todo.

dem Holzbein die Füße waschen
und dem nächstbesten Einäugigen schlafen helfen.

Ach, diese Liebe, die meine, ist weit wie die Welt,
zwischenmenschlich und provinziell und sehr alt!
Sie kommt mir wie gerufen,
sie kommt aus der Tiefe, aus der öffentlichen Leistengegend,
von weither kommt sie und bringt mich soweit,
den Sänger auf seinen Schlips zu küssen
und den Gepeinigten auf seine Stirn,
den Tauben auf seinen unverzagten Brummschädel und
den der mir wiedergibt was ich in meiner Brust vergaß,
auf seinen Dante, auf seinen Chaplin, auf seine
 Schulterblätter.

Ich möchte, um der Sache ein Ende zu machen,
wenn ich an dem berühmten Rande der Raserei bin
oder wenn mir die Brust schwer wird im Herzen, dann
möchte ich dem der lächelt zum Lachen verhelfen,
dem Unhold einen winzigen Vogel ins Genick setzen,
die Kranken pflegen durch Schabernack,
den Hausierern abkaufen was sie haben,
dem Mörder beim Morden helfen – ein furchtbares Werk –
und in Frieden leben mit mir selbst
und überhaupt.

## Nómina de huesos

Se pedía a grandes voces:
Que muestre las dos manos a la vez.
Y esto no fué posible.
–Que, mientras llora, le tomen la medida de sus pasos.
Y esto no fué posible.
–Que piense un pensamiento idéntico, en el tiempo en que un cero permanece inútil.
Y esto no fué posible.
–Que haga una locura.
Y esto no fué posible.
–Que entre él y otro hombre semejante a él, se interponga una muchedumbre de hombres como él.
Y esto no fué posible.
–Que le comparen consigo mismo.
Y esto no fué posible.
–Que le llamen, en fin, por su nombre.
Y esto no fué posible.

## Zahltag für die Gebeine

Es wurde mit lauter Stimme verlangt:
Daß er seine zwei Hände vorzeige, beide auf einmal.
Und das war nicht möglich.
Daß man ihm, während er weint, das Maß seiner Schritte
nehme.
Und das war nicht möglich.
Daß er ein und denselben Gedanken denke in der Zeit in der
eine Null eine Null bleibt.
Und das war nicht möglich.
Daß er eine Tollheit begehe.
Und das war nicht möglich.
Daß zwischen ihm und einem andern seinesgleichen sich eine
Menge von seinesgleichen einfinde.
Und das war nicht möglich.
Daß er verglichen werde mit sich selbst.
Und das war nicht möglich.
Daß man ihn, endlich, bei seinem Namen riefe.
Und das war nicht möglich.

# El libro de la naturaleza

Profesor de sollozo – he dicho a un árbol –
palo de azogue, tilo
rumoreante, a la orilla del Marne, un buen alumno
leyendo va en tu naipe, en tu hojarasca,
entre el agua evidente y el sol falso,
su tres de copas, su caballo de oros.

Rector de los capítulos del cielo,
de la mosca ardiente, de la calma manual que hay en los
asnos;
rector de honda ignorancia, un mal alumno
leyendo va en tu naipe, en tu hojarasca,
el hambre de razón que le enloquece
y la sed de demencia que le aloca.

Técnico en gritos, árbol consciente, fuerte,
fluvial, doble, solar, doble, fanático,
conocedor de rosas cardinales, totalmente
metido, hasta hacer sangre, en aguijones, un alumno
leyendo va en tu naipe, en tu hojarasca,
su rey precoz, telúrico, volcánico, de espadas.

## Das Buch der Natur

Professor des Jammers, so sprach ich zu einem Baum,
quecksilbernes Holz, munkelnde Linde
am Ufer der Marne, hier kommt ein guter Schüler,
um zu lesen aus deinem Kartenspiel, aus deinem welken Laub,
zwischen dem offenbaren Wasser und der falschen Sonne,
was sein Herzdreier ist und seine Schellenkönigin.

Vorsteher aller Kapitel des Himmels,
der brennenden Mücke, der gelehrigen Ruhe der Esel,
Vorsteher der tiefen Unwissenheit, hier kommt ein schlechter
Schüler,
um zu lernen aus deinem Kartenspiel, aus deinem welken
Laub,
den Hunger nach der Vernunft der ihn toll macht,
den Durst nach dem Wahnsinn der ihn zum Wahnsinn treibt.

Sachverständiger für alle Schreie, wissender, starker Baum,
Flußbaum, Doppelbaum, Sonnenbaum, Doppelbaum,
Fanatiker,
Kenner der hauptsächlichen Rosen, durchbohrt, bis daß du
blutest,
von Stacheln, hier kommt ein Schüler zu dir,
um zu lesen aus deinem Kartenspiel, aus deinem welken Laub,
was sein verfrühter tellurischer König, sein vulkanischer
Pik-König ist.

Oh profesor, de haber tanto ignorado!
Oh rector, de temblar tanto en el aire!
Oh técnico, de tanto que te inclinas!
Oh tilo! Oh palo rumoroso junto al Marne!

O Professor, der du so vieles nicht gewußt hast!
O Vorsteher, wie zitterst du in der Luft!
O Sachverständiger, wie bist du niedergebeugt!
O Linde! O brausendes Holz an der Marne!

# Y si después de tantas palabras

Y si después de tantas palabras,
no sobrevive la palabra!
Si después de las alas de los pájaros,
no sobrevive el pájaro parado!
Más valdría, en verdad,
que se lo coman todo y acabemos!

Haber nacido para vivir de nuestra muerte!
Levantarse del cielo hacia la tierra
por sus propios desastres
y espiar el momento de apagar con su sombra su tiniebla!
Más valdría, francamente,
que se lo coman todo y qué más da! . . .

Y si después de tanta historia, sucumbimos,
no ya de eternidad,
sino de esas cosas sencillas, como estar
en la casa o ponerse a cavilar!
Y si luego encontramos,
de buenas a primeras, que vivimos,
a juzgar por la altura de los astros,
por el peine y las manchas del pañuelo!
Más valdría, en verdad,
que se lo coman todo, desde luego!

# Wenn man bedenkt

Wenn man bedenkt, daß das Wort
so viele Worte nicht überleben kann,
nicht der stehende Vogel
die Flügel der Vögel!
Besser, wahrhaftig, wär es,
das Ganze zu schlucken mit Haut und Haar und Schluß damit!

Geboren sein, um vom eigenen Tod zu leben!
Sich vom Himmel zur Erde erheben
um des eigenen Unglücks willen
und nur auf den Anblick lauern, wo der eigene Schatten die
eigene Finsternis löscht!
Besser, aufrichtig gesprochen, wär es,
das Ganze zu schlucken mit Haut und Haar, und wenn schon!

Wenn man bedenkt, daß wir nach soviel Geschichte erliegen,
nicht der Ewigkeit,
sondern diesen einfachen Dingen, wie dem Zuhaus-
sein oder der Versuchung, zu grübeln;
und daß wir dann, auf den ersten Blick,
auf die Idee verfallen, wir seien am Leben,
nach der Höhe der Sterne, nach dem Kamm
und nach den Flecken im Taschentuche zu schließen!
Besser, wahrhaftig, wär es,
das Ganze zu schlucken mit Haut und Haar, und zwar auf der
Stelle!

Se dirá que tenemos
en uno de los ojos mucha pena
y también en el otro, mucha pena
y en los dos, cuando miran, mucha pena . . .
Entonces! . . . Claro! . . . Entonces! . . . ni palabra!

Man wird sagen, wir hätten
viel Schmerz im Auge, dem einen Auge
und auch im andern viel Schmerz
und in allen beiden, wenn wir sie auftun, viel Schmerz ...
Na und ...! Sicherlich ...! Was weiter ...! Kein Wort mehr!

# Considerando en frío, imparcialmente

Considerando en frío, imparcialmente,
que el hombre es triste, tose y, sin embargo,
se complace en su pecho colorado;
que lo único que hace es componerse
de días;
que es lóbrego mamífero y se peina . . .

Considerando
que el hombre procede suavemente del trabajo
y repercute jefe, suena subordinado;
que el diagrama del tiempo
es constante diorama en sus medallas
y, a medio abrir, sus ojos estudiaron,
desde lejanos tiempos,
su fórmula famélica de masa . . .

Comprendiendo sin esfuerzo
que el hombre se queda, a veces, pensando,
como queriendo llorar,
y, sujeto a tenderse como objeto,
se hace buen carpintero, suda, mata
y luego canta, almuerza, se abotona . . .

Considerando también
que el hombre es en verdad un animal
y, no obstante, al voltear, me da con su tristeza en la
cabeza . . .

# In kaltem, unparteiischem Anbetracht

In kaltem, unparteiischem Anbetracht,
daß der Mensch traurig ist, hustet und nichts
desto weniger Freude hat in seiner roten Brust;
daß er sich tagsüber erholt und sonst
nichts;
daß er ein finsteres Säugetier ist und sich kämmt...

In Anbetracht,
daß der Mensch sanft aus der Arbeit hervorgeht,
vorgesetzt widerhallt und untergeben tönt;
daß das Diagramm der Zeit
ein stillstehendes Diorama seiner Medaillen ist,
und daß seine halbgeöffneten Augen
schon seit uralten Zeiten
ihre hungrige Massenformel betrachten...

Im mühelosen Hinblick darauf,
daß der Mensch von Zeit zu Zeit im Nachdenken verharrt,
als wollte er weinen,
und subjektiv wie ein Objekt geworfen und unterworfen,
aus sich einen guten Schreiner macht, schwitzt, tötet,
alsdann singt und vespert und sich zuknöpft...

In Anbetracht auch,
daß der Mensch in Wirklichkeit ein Tier ist
und mich dennoch, kaum daß er sich umdreht, mit seiner
Traurigkeit auf den Kopf haut...

Examinando, en fin,
sus encontradas piezas, su retrete,
su desesperación, al terminar su día atroz, borrándolo . . .

Comprendiendo
que él sabe que le quiero,
que le odio con afecto y me es, en suma, indiferente . . .

Considerando sus documentos generales
y mirando con lentes aquel certificado
que prueba que nació muy pequeñito . . .

Le hago una seña,
viene,
y le doy un abrazo, emocionado.
Qué más da! Emocionado . . . Emocionado . . .

Nach abschließender Prüfung
seiner gefundenen Wäschestücke, seines Aborts,
seiner Verzweiflung, wenn er seinen grausamen Tag endigt
und durchstreicht . . .

In Würdigung des Umstandes,
daß er weiß daß ich ihn mag,
daß ich ihn hasse voll Zuneigung und daß er mir alles in
allem gleichgültig ist . . .

In Anbetracht seiner überpersönlichen Papiere,
und jene Bescheinigung unter die Lupe nehmend
die da beweist, daß er sehr klein geboren ist . . .

mache ich ihm ein Zeichen:
Komm!
und ich umarme ihn bewegt.
Na wenn schon! Bewegt . . . bewegt . . .

# Los desgraciados

Ya va a venir el día; da
cuerda a tu brazo, búscate debajo
del colchón, vuelve a pararte
en tu cabeza, para andar derecho.
Ya va a venir el día, ponte el saco.

Ya va a venir el día; ten
fuerte en la mano a tu intestino grande, reflexiona,
antes de meditar, pues es horrible
cuando le cae a uno la desgracia
y se le cae a uno a fondo el diente.

Necesitas comer, pero, me digo,
no tengas pena, que no es de pobres
la pena, el sollozar junto a su tumba;
remiéndate, recuerda,
confía en tu hilo blanco, fuma, pasa lista
a tu cadena y guárdala detrás de tu retrato.
Ya va a venir el día, ponte el alma.

Ya va a venir el día; pasan,
han abierto en el hotel un ojo,
azotándolo, dándole con un espejo tuyo . . .
tiemblas? Es el estado remoto de la frente
y la nación reciente del estómago.
Roncan aún! . . . Qué universo se lleva este ronquido!

# Die Unglückseligen

Der Tag wird schon kommen; zieh
deinen Arm auf, such dich
unter der Matratze, erhebe dich wieder
in deinen Kopf, damit du aufrecht gehst.
Der Tag wird schon kommen; nimm dein Bündel und geh!

Der Tag wird schon kommen; halte
dein großes Eingeweide fest in der Hand, überlege gut
bevor du denkst, denn es ist schrecklich,
wenn das Unglück auf einen fällt
und ausfällt, gründlich, der Zahn.

Essen mußt du; dennoch, sage ich mir,
hab keinen Kummer, denn der Kummer,
das Seufzen am eigenen Grab: das ist nichts für die Armen;
bessre dich also, gedenk,
vertrau deinem weißen Faden, rauch, zähl
deine Kette nach und steck sie dir hinter den Spiegel.
Der Tag wird schon kommen; nimm deine Seele und geh!

Der Tag wird schon kommen; schon regt es sich,
hat ein Auge aufgeschlagen im Hotel
und straft es, schlägt es mit deinem Spiegel ein ...
Zitterst du? Das ist der entlegene Staat der Stirn
und die junge Nation des Magens.
Sie schnarchen noch immer! Welche Welt nimmt dies
Schnarchen mit!

Cómo quedan tus poros, enjuiciándolo!
Con cuántos doses, ay! estás tan solo!
Ya va a venir el día, ponte el sueño.

Ya va a venir le día, repito
por el órgano oral de tu silencio
y urge tomar la izquierda con el hambre
y tomar la derecha con la sed; de todos modos,
abstente de ser pobre cón los ricos,
atiza
tu frío, porque en él se integra mi calor, amada víctima.
Ya va a venir el día, ponte el cuerpo.

Ya va a venir el día;
la mañana, la mar, el meteoro, van
en pos de tu cansancio, con banderas,
y, por tu orgullo clásico, las hienas
cuentan sus pasos al compás del asno,
la panadera piensa en ti,
el carnicero piensa en ti, palpando
el hacha en que están presos
el acero y el hierro y el metal; jamás olvides
que durante la misa no hay amigos.
Ya va a venir el día, ponte el sol.

Wie sehen deine Poren aus, die ihr das Urteil sprechen!
Unter soviel Zweien bist du allein!
Der Tag wird schon kommen; nimm deinen Schlaf und geh!

Der Tag wird schon kommen; ich sag es
noch einmal durch das Sprechwerkzeug deines Schweigens;
und er drängt mich, die linke Hand beim Hunger zu fassen
und die rechte beim Durst; laß die Hand davon,
unter allen Umständen, arm zu sein bei den Reichen;
schür lieber
deine Kälte, denn in ihr sammelt sich meine Wärme, geliebtes
Opfer.
Der Tag wird schon kommen; nimm deinen Leib und geh!

Der Tag wird schon kommen;
der Morgen, das Meer, der Meteor, sie ziehen
mit Fahnen her hinter deiner Ermattung,
und noch die Hyänen zählen, deinem klassischen Stolz zuliebe
nach dem Maße des Esels ihre Schritte ab,
die Bäckerin gedenkt deiner,
der Metzger gedenkt deiner,
und greift nach dem Beil, in dem der Stahl
gefangen liegt und das Eisen und alles Metall; vergiß nicht,
daß es während der Messe keine Freunde gibt.
Der Tag wird schon kommen; nimm die Sonne und geh!

Ya viene el día; dobla
el aliento, triplica
tu bondad rencorosa
y da codos al miedo, nexo y énfasis,
pues tú, como se observa en tu entrepierna y siendo
el malo, ay! inmortal,
has soñado esta noche que vivías
de nada y morías de todo . . .

Schon kommt der Tag; verdopple
die Atemzüge, verdreifache
deine grollende Güte
und stoß die Furcht in die Rippen, Zusammenhang und
Emphase,
dieweil du (man sieht es an deinem Zwickel, und weil das
Böse,
ach ja, unsterblich ist!)
in dieser Nacht geträumt hast, du hättest gelebt
von nichts und wärest gestorben an allem . . .

# Epistola a los transeúntes

Reanudo mi día de conejo,
mi noche de elefante en descanso.

Y, entre mí, digo:
ésta es mi inmensidad en bruto, a cántaros,
éste es mi grato peso, que me buscara abajo para pájaro,
éste es mi brazo
que por su cuenta rehusó ser ala,
éstas son mis sagradas escrituras,
éstos mis alarmados compañones.

Lúgubre isla me alumbrara continental,
mientras el capitolio se apoye en mi íntimo derrumbe
y la asamblea en lanzas clausure mi desfile.

Pero cuando yo muera
de vida y no de tiempo,
cuando lleguen a dos mis dos maletas,
éste ha de ser mi estómago en que cupo mi lámpara en
pedazos,
ésta aquella cabeza que expió los tormentos del círculo en
mis pasos,
éstos esos gusanos que el corazón contó por unidades,
éste ha de ser mi cuerpo solidario

# Brief an die Vorübergehenden

Wieder nehme ich meinen Kaninchentag auf,
meine ruhende Elefantennacht.

Und ich sage mir unter zwei Augen:
dies ist meine Brutto-Unfaßbarkeit, massenhaft,
dies ist mein gefälliges Gewicht, das mich hier unten als
Vogel suchte,
dies ist mein Arm,
der was ihn betraf kein Flügel werden wollte,
dies sind meine heiligen Schriften,
dies sind meine besorgten Testikel.

Eine trübe Insel wird mich kontinental erleuchten,
während das Kapitol sich auf den Einbruch in meinem Innern
stützt
und der Senat, mit Lanzen bewaffnet, meinen Vorbeimarsch
umzingelt.

Wenn ich jedoch sterbe
am Leben und nicht an der Zeit,
wenn meine zwei Koffer zwei sind und sonst nichts,
wird dies mein Magen sein, der einst die Scherben meiner
Lampe barg,
dies der Kopf, der die Qualen meiner Schritte büßte, immer
im Kreis herum,
dies die Würmer, die das Herz gezählt hat, stückweise,
und dies mein Leib, solidarisch mit jenem,

por el que vela el alma individual; éste ha de ser
mi ombligo en que maté mis piojos natos,
ésta mi cosa cosa, mi cosa tremebunda.

En tanto, convulsiva, ásperamente
convalece mi freno,
sufriendo come sufro del lenguaje directo del león:
y, puesto que he existido entre dos potestades de ladrillo,
convalezco yo mismo sonriendo de mis labios.

Quiere y no quiere su color mi pecho,
por cuyas bruscas vías voy, lloro con palo,
trato de ser feliz, lloro en mi mano,
recuerdo, escribo
y remacho una lágrima en mi pómulo.

Quiere su rojo el mal, el bien su rojo enrojecido
por el hacha suspensa,
por el trote del ala a pie volando,
y no quiere y sensiblemente
no quiere aquesto el hombre;
no quiere estar en su alma
acostado, en la sien latidos de asta,
el bimano, el muy bruto, el muy filósofo.

der die vereinzelte Seele bewacht; dies wird sein
mein Nabel, in dem ich tötete meine geborenen Läuse,
dies mein Ding das Ding, mein entsetzliches Ding.

Unterdessen, unter Zuckungen,
erholt sich mein harsches Gebiß,
und es leidet wie ich unter dem nackten Löwenwort:
und da ich vorhanden war zwischen zwei Backstein-Gewalten
geht es auch mir wieder besser und ich lächle mit meinen
Lippen.

Meine Brust will ihre Farbe und will sie nicht,
und ich gehe durch ihre unwirtlichen Straßen, weinend,
am Stock,
ich versuche glücklich zu sein, ich weine in meine Hand,
ich erinnere mich, ich schreibe
und niete mir eine Träne ans Jochbein.

Das Böse will sein Rot, das Gute sein Rot röter
gefärbt von der hangenden Axt,
vom Trab der Schwinge die fleucht zu Fuß,
doch nicht will dies alles, und zwar
mit Recht nicht, der Mensch;
nicht will er, in seiner Seele
schlafend, in seiner Schläfe mit Speeren pochend,
den sehr tierischen, den sehr philosophischen, den
Zweihänder.

Así, casi no soy, me vengo abajo
desde el arado en que socorro a mi alma
y casi, en proporción, casi enaltézcome.
Que saber por qué tiene la vida este perrazo,
por qué lloro, por qué,
cejón, inhábil, veleidoso, hube nacido
gritando;
saberlo, comprenderlo
al són de un alfabeto competente,
sería padecer por un ingrato.

¡Y no! ¡No! ¡No! ¡Qué ardid, mi paramento!
Congoja, sí, con firme sí frenético,
coriáceo, rapaz, quiere y no quiere, cielo y pájaro;
congoja, sí, con toda la bragueta.
Contienda entre dos llantos, robo de una solva ventura,
vía indolora en que padezco en chanclos
de la velocidad de andar a ciegas.

Also bin ich fast nicht, also stürze ich von dem Pflug,
auf dem ich meine Seele in Sicherheit bringe
und fast, verhältnismäßig beinahe erheb ich mich wieder.
Zu wissen, weshalb das Leben diesen Köter enthält,
weshalb ich weine, weshalb ich,
zaudernd, ungeschickt, wankelmütig, geboren bin
schreiend;
dies wissen und dies begreifen
vermöge eines zuständigen Alphabets,
das hieße leiden um eines Undankbaren willen.

Aber nein! Nein! Nein! Einen Pfifferling für meinen
Schmuck!
Angst, ja, mit starkem rasendem Ja,
lederhart, rachgierig, will es und will es nicht, Himmel und
Vogel;
Angst, ja, mit dem ganzen Hosenschlitz.
Zwist zwischen zwei Gewimmern, Raub eines einzigen
Glücks,
schmerzloser Weg, auf dem ich leide in Gummischuhen
an der Schnelligkeit meines blinden Laufs.

## La rueda del hambriento

Por entre mis propios dientes salgo humeando,
dando voces, pujando,
bajándome los pantalones . . .
Váca mi estómago, váca mi yeyuno,
la miseria me saca por entre mis propios dientes,
cogido con un palito por el puño de la camisa.

Una piedra en que sentarme
no habrá ahora para mí?
Aun aquella piedra en que tropieza la mujer que ha dado a
luz,
la madre del cordero, la causa, la raíz,
ésa no habrá ahora para mí?

Siquiera aquella otra,
que ha pasado agachándose por mi alma!
Siquiera
la calcárida o la mala (humilde océano)
o la que ya no sirve ni para ser tirada contra el hombre,
ésa dádmela ahora para mí!

Siquiera la que hallaren atravesada y sola en un insulto,
ésa dádmela ahora para mí!

# Das Rad des Hungrigen

Zwischen meinen eigenen Zähnen hervor komme ich
rauchend,
schreiend, um mich schlagend,
und lasse die Hosen herunter ...
Leer steht mein Magen und leer mein Leerdarm,
das Elend zieht mich hervor zwischen meinen eigenen
Zähnen,
aufgespießt an einem Zahnstocher von der leeren
Manschette.

Es wird sich also kein Stein finden,
auf den ich mich setzen könnte?
Nicht einmal der Stein an dem die Frau strauchelt die
geboren hat?
die Mutter des Lamms, der Grund, die Wurzel?
Nicht einmal er wird dasein für mich?

Oder der andere,
der geduckt durch meine Seele gewandert ist,
oder
der Kalkstein oder der Stein des Bösen (o mildes Meer)
oder der zu nichts nutz ist, nicht einmal zur Steinigung,
gebt mir wenigstens den!

Oder wenigstens jenen, der tückisch und einsam in einer
Beleidigung steckt,
gebt mir wenigstens den!

Siquiera la torcida y coronada, en que resuena
solamente una vez el andar de las rectas conciencias,
o, al menos, esa otra, que arrojada en digna curva,
va a caer por sí misma,
en profesión de entraña verdadera,
ésa dádmela ahora para mí!

Un pedazo de pan, tampoco habrá ahora para mí?
Ya no más he de ser lo que siempre he de ser,
pero dadme
una piedra en que sentarme.
pero dadme,
por favor, un pedazo de pan en que sentarme,
pero dadme
en español
algo, en fin, de beber, de comer, de vivir, de reposarse;
y después me iré . . .
Hallo una extraña forma, está muy rota
y sucia mi camisa
y ya no tengo nada, esto es horrendo.

Oder den scheelen gekrönten, in dem nur einmal
der Schritt von guten Gewissen widerhallt,
oder zumindest den andern, der in noblem Bogen geworfen,
von selber fällt
im Bekenntnis seiner aufrichtigen Innereien,
gebt mir wenigstens den!

Wird sich kein Stückchen Brot für mich finden?
Ich werde nicht länger sein der ich sein muß,
aber gebt mir doch
einen Stein, auf den ich mich setzen kann,
aber gebt mir doch,
bitte, ein Stückchen Brot auf das ich mich setzen kann,
aber so gebt mir doch,
versteht ihr nicht deutsch?
endlich etwas zu trinken, zu essen, zu leben, mich auszuruhn,
und dann will ich gehen . . .
Ich finde eine seltsame Form, es ist sehr zerrissen
und schmutzig mein Hemd
und ich habe nichts mehr: das ist entsetzlich.

# Ande desnudo, en pelo

Ande desnudo, en pelo, el millonario!
Desgracia al que edifica con tesoros su lecho de muerte!
Un mundo al que saluda;
un sillón al que siembra en el cielo;
llanto al que da término a lo que hace, guardando los
 comienzos;
ande el de las espuelas;
poco dure muralla en que no crezca otra muralla;
dése al mísero toda su miseria,
pan, al que ríe;
hayan perder los triunfos y morir los médicos;
haya leche en la sangre;
añádase una vela al sol,
ochocientos al veinte;
pase la eternidad bajo los puentes!
Desdén al que viste,
corónense los pies de manos, quepan en su tamaño;
siéntese mi persona junto a mí!
Llorar al haber cabido en aquel vientre,
bendición al que mira aire en el aire,
muchos años de clavo al martillazo;
desnúdese el desnudo,
vístase de pantalón la capa,
fulja el cobre a expensas de sus láminas,

# Nackt bis auf die Haut soll er gehen

Nackt bis auf die Haut soll er gehen, der Millionär!
Schande über den, der sein Totenbett aus Schätzen erbaut!
Ein Königreich für den, der grüßt;
einen Sessel für den, der im Himmel sät;
weh über den der dem was er macht ein Ende macht und
behält den Anfang für sich;
der mit den Sporen gehe zu Fuß;
nicht lange soll stehen die Mauer in der nicht heranwächst
eine andere Mauer;
sein ganzes Elend werde zuteil dem Elenden,
aber Brot dem der da lacht;
Verderben bringen sollen die Triumphe, Tod bringen sollen
die Ärzte;
das Blut werde Milch;
die Sonne soll heller werden um eine Kerze,
um achthundert vergrößere sich die Zahl zwanzig;
die Ewigkeit ziehe unter den Brücken hindurch!
Geringschätzung dem, der Kleider anhat;
die Füße, mit Händen gekrönt, sollen Platz finden in ihrer
eigenen Größe;
es finde sich bei mir ein meine Person!
Jammer über alles was Raum fand in diesem Mutterleib,
Segen über den, der Luft in der Luft sieht;
Sargnägel, jahrelang, für den Hammerschlag;
entblößen soll sich der Nackte,
mit Hosen bedecken der Jammermantel,
schimmern das Kupfer auf Kosten des Kupferblechs;

majestad al que cae de la arcilla al universo,
lloren las bocas, giman las miradas,
impídase al acero perdurar,
hilo a los horizontes portátiles,
doce ciudades al sendero de piedra,
una esfera al que juega con su sombra;
un día hecho de una hora, a los esposos;
una madre al arado en loor al suelo,
séllense con dos sellos a los líquidos,
pase lista el bocado,
sean los descendientes,
sea la codorniz,
sea la carrera del álamo y del árbol;
venzan, al contrario del círculo, el mar a su hijo
y a la cana el lloro;
dejad los áspides, señores hombres,
surcad la llama con los siete leños,
vivid,
elévese la altura,
baje el hondor más hondo,
conduzca la onda su impulsión andando,
tenga éxito la tregua de la bóveda!
Muramos;
lavad vuestro esqueleto cada día;
no me hagáis caso,
una ave coja al déspota y a su alma;
una mancha espantosa, al que va solo;

glorreich, der aus dem Lehm in das Universum stürzt;
Tränen über die Münder, Geheul über die Blicke;
dem Stahl sei verboten zu dauern;
ein Faden muß her für die tragbaren Horizonte,
zwölf Städte für den Saumpfad im Fels,
für den, der mit seinem Schatten spielt, ein Zifferblatt,
für die Vermählten ein Tag, der aus einer Stunde gemacht ist,
dem Pflug, der den Boden ehrt, eine Mutter;
mit zwei Siegeln werden versiegelt die Flüssigkeiten;
abgezählt werde der Bissen im Mund,
es seien die Nachkommen Nachkommen,
es sei die Wachtel,
es sei die Straße der Pappel und die Straße des Baumes;
das Meer soll seinen Sohn bei den Antipoden besiegen
und die Tränen das weiße Haar;
laßt die Nattern in Frieden, meine Herren Mitmenschen,
durchfurcht mit sieben Hölzern die Flamme,
lebt;
der Gipfel soll aufsteigen,
tiefer sinken die Tiefe,
die Welle soll ihren Drang weitergeben, indem sie hinrollt,
Früchte tragen der Friede des Gewölbes!
Lasset uns sterben;
wascht euer Skelett jeden Tag;
hört nicht auf mich;
ein Vogel ergreife den Despoten und seine Seele,
ein abscheulicher Flecken über den der allein geht;

gorriones al astrónomo, al gorrión, al aviador!
Lloved, solead,
vigilad a Júpiter, al ladrón de ídolos de oro,
copiad vuestra letra en tres cuadernos,
aprended de los cónyuges cuando hablan, y
de los solitarios, cuando callan;
dad de comer a los novios,
dad de beber al diabolo en vuestras manos,
luchad por la justicia con la nuca,
igualáos,
cúmplase el roble,
cúmplase leopardo entre dos robles,
seamos,
estemos,
sentid cómo navega el agua en los océanos,
alimentáos,
concíbase el error, puesto que lloro,
acéptese, en tanto suban por el risco, las cabras y sus crías;
desacostumbrad a Dios a ser un hombre,
creced . . .!
Me llaman. Vuelvo.

Spatzen über den Astronomen, den Spatzen und den Piloten!
Weint, sonnt euch,
hütet den Jupiter, hütet den Dieb der goldnen Idole,
schreibt eure Handschrift in drei Schulhefte ab,
lernt von den Eheleuten, wenn sie reden
und von den Einsamen, wenn sie schweigen;
gebt zu essen dem jungen Paar,
gebt zu trinken dem Teufel in eurer Hand,
kämpft mit dem Nacken für die Gerechtigkeit,
gleicht euch, einer dem andern;
genehmigt werde die Steineiche,
genehmigt der Leopard unter zwei Steineichen;
seien wir also,
seien wir die wir sind;
fühlt, wie das Wasser die Ozeane befährt,
eßt euch satt;
der Irrtum sei begriffen in Anbetracht, daß ich weine,
anerkannt seien die Ziegen und ihre Lämmer, denn sie
klettern unter Lebensgefahr;
gewöhnt es dem lieben Gott ab, ein Mensch zu sein,
werdet erwachsen . . .!
Man ruft mich. Ich gehe.

# Traspié entre dos estrellas

Hay gentes tan desgraciadas, que ni siquiera
tienen cuerpo; cuantitativo el pelo,
baja, en pulgadas, la genial pesadumbre;
el modo, arriba;
no me busques, la muela del olvido,
parecen salir del aire, sumar suspiros mentalmente, oír
claros azotes en sus paladares.

Vanse de su piel, rascándose el sarcófago en que nacen
y suben por su muerte de hora en hora
y caen, a lo largo de su alfabeto gélido, hasta el suelo.

Ay de tanto! ay de tan poco! ay de ellas!
Ay en mi cuarto, oyéndolas con lentes!
Ay en mi tórax, cuando compran trajes!
Ay de mi mugre blanca, en su hez mancomunada!

Amadas sean las orejas sánchez,
amadas las personas que se sientan,
amado el desconocido y su señora,
el prójimo con mangas, cuello y ojos!

# Stolpernd zwischen zwei Sternen

Es gibt Leute, die sind so unglücklich dran, daß sie nicht einmal
einen Körper haben; mengenhaft fällt ihr Haar,
Zoll um Zoll, die geniale Melancholie;
die Art und Weise bleibt aufrecht;
such mich nicht heim, Zahn des Vergessens,
sie scheinen aus der Luft zu kommen, Seufzer zu zählen, deutlich
die Peitsche zu hören in ihren Gaumen.

Sie fahren aus ihrer Haut, kratzen sich den Sarg aus, in dem sie geboren sind
und erklimmen zu jeder Stunde ihren eigenen Tod
und schlagen lang hin auf ihr erfrorenes Alphabet.

Weh über soviel! weh über sowenig! weh über sie!
Weh in meinem Zimmer, wenn ich sie höre durch Brillen!
Weh in meinem Brustkorb, wenn sie sich Kleider kaufen!
Weh über meinen weißen Flecken in ihrem gemeinnützigen Abschaum!

Geliebt seien die grindigen Ohren,
geliebt alle, die sich hinsetzen,
geliebt der Unbekannte und seine Frau,
der Nächste mit seinen Ärmeln, Kragen und Augen!

Amado sea aquel que tiene chinches,
el que lleva zapato roto bajo la lluvia,
el que vela el cadáver de un pan con dos cerillas,
el que se coge un dedo en una puerta,
el que no tiene cumpleaños,
el que perdió su sombra en un incendio,
el animal, el que parece un loro,
el que parece un hombre, el pobre rico,
el puro miserable, el pobre pobre!

Amado sea
el que tiene hambre o sed, pero no tiene
hambre con qué saciar toda su sed,
ni sed con qué saciar todas sus hambres!

Amado sea el que trabaja al día, al mes, a la hora,
el que suda de pena o de vergüenza,
aquel que va, por orden de sus manos, al cinema,
el que paga con lo que le falta,
el que duerme de espaldas,
el que ya no recuerda su niñez; amado sea
el calvo sin sombrero,
el justo sin espinas,
el ladrón sin rosas,
el que lleva reloj y ha visto a Dios,
el que tiene un honor y no fallece!

Geliebt sei der da Wanzen hat,
der zerrissene Schuhe anhat im Regen,
der bei zwei Zündhölzern die Totenwacht hält über ein
verstorbenes Brot,
der seinen Finger einklemmt in einer Tür,
der keinen Geburtstag hat,
der seinen Schatten verloren hat bei einer Feuersbrunst,
der einem Papagei ähnelt, das Tier,
der einem Menschen ähnelt, der arme Reiche,
der ganz und gar Elende, der arme Arme!

Geliebt sei
der da Hunger hat oder Durst, aber nicht
Hunger genug, um seinen Durst zu löschen,
noch Durst, um seine Hungersnöte zu stillen!

Geliebt sei der Tag-, der Monats-, der Stundenlöhner,
der da schwitzt vor Scham oder Kummer,
der im Auftrag seiner Hände ins Kino geht,
der mit dem bezahlt was ihm fehlt,
der auf dem Rücken schläft,
der sich seiner Kindheit nicht mehr erinnert; geliebt
der Kahlkopf ohne Hut,
der Gerechte ohne Stacheln,
der Räuber ohne Rosen,
der da Gott gesehen hat und trägt eine Armbanduhr,
der da eine Ehre trägt und doch nicht stirbt!

Amado sea el niño, que cae y aún llora
y el hombre que ha caído y ya no llora.

Ay de tanto! Ay de tan poco! Ay de ellos!

Geliebt das Kind das da fällt und immer noch weint,
und der Mann der gefallen ist und weint nicht mehr.

Weh über soviel! Weh über sowenig! Weh über sie alle!

# El alma que sufrió de ser su cuerpo

Tú sufres de una glándula endocrínica, se ve,
o, quizá,
sufres de mí, de mi sagacidad escueta, tácita.
Tú padeces del diáfano antropoide, allá, cerca,
donde está la tiniebla tenebrosa.
Tú das vuelta al sol, agarrándote el alma,
extendiendo tus juanes corporales
y ajustándote el cuello; eso se ve.
Tú sabes lo que te duele,
lo que te salta al anca,
lo que baja por ti con soga al suelo.
Tú, pobre hombre, vives; no lo niegues,
si mueres; no lo niegues,
si mueres de tu edad ¡ay! y de tu época.
Y, aunque llores, bebes,
y, aunque sangres, alimentas a tu híbrido colmillo,
a tu vela tristona y a tus partes.
Tú sufres, tú padeces y tú vuelves a sufrir horriblemente,
desgraciado mono,
jovencito de Darwin,
alguacil que me atisbas, atrocísimo microbio.
Y tú lo sabes a tal punto,
que lo ignoras, soltándote a llorar.

## Die Seele, die es leid war, Körper zu sein

Du leidest unter der Zirbeldrüse, das liegt auf der Hand,
oder am Ende
leidest du unter mir, meiner nackten und stummen Weisheit.
An dem durchsichtigen Menschenaffen leidest du, der dir im
Nacken
sitzt, dort in der finsteren Finsternis.
Du fährst um die Sonne und hältst deine Seele fest,
hältst deine leiblichen Knochen ans Licht
und zupfst dich damit am Kragen; das liegt auf der Hand.
Du weißt, was dir weh tut,
was dir im Nacken sitzt,
was deinetwegen zu Boden sinkt mit einem Strick.
Du lebst, armer Mensch; leugne es nicht,
wenn du stirbst; leugne es nicht,
wenn du an deinem Alter, ach, und an deinem Zeitalter
stirbst.
Und wenn du auch weinst, trinkst du,
und wenn du auch blutest, so fütterst du doch deinen
Bastard-Hauer,
deine trübe Kerze und deine Körperteile.
Du leidest, du liegst darnieder und leidest schrecklich von
neuem,
unglücklicher Affe,
Darwins halbwüchsiger Sohn,
der mir auflauert, Spitzel, monströser Bazillus.
Und du weißt es derart genau,
daß du in Tränen ausbrichst vor Unwissenheit.

Tú, luego, has nacido; eso
también se ve de lejos, infeliz y cállate,
y soportas la calle que te dió la suerte
a tu ombligo interrogas: dónde? cómo?
Amigo mío, estás completamente,
hasta el pelo, en el año treinta y ocho,
nicolás o santiago, tal o cual,
estés contigo o con tu aborto o conmigo
y cautivo en tu enorme libertad,
arrastrado por tu hércules autónomo ...
Pero si tú calculas en tus dedos hasta dos,
es peor; no lo niegues, hermanito.

Que no? Que sí, pero que no?
Pobre mono! ... Dame la pata! ... No. La mano, he dicho.
Salud! Y sufre!

Du bist mithin geboren; das
liegt ebenfalls klar auf der Hand (schweig, Unglückswurm!),
und du erduldest den Weg, den dir das Verhängnis wies
und befragst deinen Nabel: wohin? und wie?
Mein Freund, du steckst ganz und gar und bis
über beide Ohren im Jahr achtunddreißig,
als Klaus oder Jakob, als der oder jener,
du bist bei dir, oder bei deiner Fehlgeburt, oder bei mir,
und gefangen in deiner maßlosen Freiheit,
und dein eingeborener Herkules schleift dich mit ...
Wenn du jedoch bis zwei zählen kannst an deinen Fingern,
um so schlimmer; Brüderchen, leugne es nicht.

Hab ich nicht recht? Oder doch? Oder doch nicht?
Armer Affe! ... Gib Pfötchen! ... Verzeihung. Ich meine
die Hand.
Leb wohl! Und leide!

# Altura y pelos

Quién no tiene su vestido azul?
Quién no almuerza y no toma el tranvía,
con su cigarrillo contratado y su dolor de bolsillo?
Yo que tan sólo he nacido!
Yo que tan sólo he nacido!

Quién no escribe una carta?
Quién no habla de un asunto muy importante,
muriendo de costumbre y llorando de oído?
Yo que solamente he nacido!
Yo que solamente he nacido!

Quién no se llama Carlos o cualquier otra cosa?
Quién al gato no dice gato gato?
Ay! yo que sólo he nacido solamente!
Ay! yo que sólo he nacido solamente!

## Himmel und Staub

Wer hat keinen blauen Anzug im Schrank?
Wer nimmt kein Frühstück und keine Trambahn,
die ewige Zigarette im Mund, in der Brieftasche seinen
 Gram?
Ich, der geboren ist und sonst nichts!
Ich, der geboren ist und sonst nichts!

Wer schreibt nicht dann und wann einen Brief?
Wer hat keine dringende Sache im Kopf
und stirbt nicht aus Gewohnheit, weinend nach dem Gehör?
Ich, der einzig und allein geboren ist!
Ich, der einzig und allein geboren ist!

Wer heißt nicht Carlos oder sonstwie Sonstwie?
Wer nennt die Katze anders als Katze Katze?
Ach, ich! der geboren ist einzig und allein und sonst nichts!
Ach, ich! der geboren ist einzig und allein und sonst nichts!

## En el momento en que el tenista

En el momento en que el tenista lanza magistralmente

su bala, le posee una inocencia totalmente animal;
en el momento
en que el filósofo sorprende uia nueva verdad,
es una bestia completa.
Anatole France afirmaba
que el sentimiento religioso
es la función de un órgano especial del cuerpo humano,
hasta ahora ignorado y se podría
decir también, entonces,
que, en el momento exacto en que un tal órgano
funciona plenamente,
tan puro de malicia está el creyente,
que se diría casi un vegetal.
¡Oh alma! ¡Oh pensamiento! ¡Oh Marx! ¡Oh Feüerbach!

# Der Tennisspieler

In dem Moment, da der Tennisspieler
seinen unschlagbaren Ball schlägt,
wütet in ihm
eine vollkommen animalische Unschuld.
In dem Moment, da der Philosoph
eine ganz neue Wahrheit aufscheucht,
ist er die reinste Bestie.

Anatole France hat behauptet,
ein eigenes, unbekanntes Organ
im menschlichen Körper
sei der Sitz des religiösen Gefühls.
In dem Moment, da jenes Organ
tut was es kann,
ist der Gläubige so voller Bosheit,
daß er dahinvegetiert, wie ein Gemüse.

O Seele! O Denken! O Marx! O Feuerbach!

# Nachwort von Hans Magnus Enzensberger

Santiago de Chuco liegt dreitausendeinhundertundfünfzehn Meter hoch über dem Meer, in einem entlegenen Seitental der peruanischen Cordillera. Eine schmale, staubige Landstraße war vor siebzig Jahren die einzige Verbindung des Ortes mit der Außenwelt. Sie ist es heute noch; über ihre endlosen Haarnadelkurven kriechen die Lastwagen, die das Erz aus den primitiven Kupferminen, den Blei- und Wolframgruben der Provinz zur Endstation der Stichbahn bringen, die fast hundert Kilometer weit talwärts liegt. Die Bahn führt zu einem kleinen Erzhafen an der pazifischen Küste. Auch das Schlachtvieh von Santiago de Chuco wird dort verladen, der Weizen, der Schinken und der Käse; dazu ein paar Kisten voll Strohwerk, Sattler- und Töpferarbeit. Davon leben die Einwohner von Santiago; heute sind es viertausend, gegen Ende des neunzehnten Jahrhunderts waren es halb soviel. Die Reise nach Lima ist weit, sie dauert vier bis fünf Tage; die Hauptstadt liegt fünfhundert Kilometer weit im Süden. Während der Regenzeit gleicht Santiago einer Falle: die einzige Landstraße ist dann wochenlang unpassierbar. Nur vierzehn Häuser haben elektrisches Licht, die allermeisten sind ohne Trinkwasser und Kanalisation. Auf den engen, wirr ineinandergeschachtelten Dächern der Stadt – denn als Stadt fühlt sich Santiago – wächst Gras. Das nächste Telefon steht in Otuzco. Ein guter Reiter kann es in zwei Tagen erreichen.

César Vallejo hat seinen Geburtstag nie gefeiert. Er wußte zeit seines Lebens nicht, wie alt er war. Eine zulängliche Biographie gibt es nicht; sie wird nie geschrieben werden. Weite Strecken dieses legendären und exemplarischen Daseins werden immer in jenem Dunkel liegen bleiben, in dem Vallejo gelebt hat: die im Dunkeln sieht man nicht.

Als sein Name nach dem zweiten Weltkrieg, nach zehnjähriger Vergessenheit, in einem jähen Nachruhm aufleuchtete, der ihn zuerst über Lateinamerika, dann über die ganze Welt getragen hat, machten sich die Literaturhistoriker des Kontinents an die Arbeit. Schon das erste Datum, mit dem sie es zu tun hatten, zeigte sich widerspenstig. Zwischen 1892 und 1898 schwanken die Angaben über Vallejos Geburtsjahr. Ein zäher Gelehrtenstreit, geführt mit scharfsinnigen Hypothesen, komischer Akribie und pedantischer Erbitterung, heftete sich an dieses Detail; man scheint sich heute auf das Jahr 1892 geeinigt zu haben. Über Tag und Monat aber hadert die Vallejo-Forschung bis heute mit einem Eifer, der astrologisch anmutet. Es ist, als hätte sie sich von ihrem Gegenstand anstecken lassen, als wäre sie vom Dämon jenes Aberglaubens ironisch heimgesucht, den Vallejo, der Atheist, nie aus seinem Gemüt zu vertreiben vermocht hat.

Er war ein Mestize wie die Mehrzahl seiner Landsleute, wie fast alle Einwohner Santiagos. Seine Großmütter waren Indianerinnen vom Stamm der Quechua, seine Großväter aber zwei spanische Priester: Vallejos Stammbaum ist der Stammbaum Perús. Sein doppeltes Erbe hat er nie verleugnet.

Aufgewachsen ist er als der Jüngste von elf Geschwistern im Hause seines Vaters, der ein geringer Verwaltungsbeamter war. Dort war das Leben arm, patriarchalisch, nüchtern, doch nicht ohne Anstand und Wärme. So, zwischen Entbehrung und Würde, Ehrbarkeit und Bedrückung hat das vorindustrielle Kleinbürgertum, bevor es aufgeschwemmt oder zermalmt wurde, überall, auch in den peruanischen Anden, gelebt.

Mit neunzehn Jahren tauchte er in den Städten auf. »Er glich einem entblätterten Baum«, sagen seine Freunde, und auf alten Photographien sieht man einen melancholischen jungen Mann, mager, sehr dunkelhäutig, dunkel gekleidet, über dem steifen weißen Kragen eine weiche, pechschwarze, riesige Mähne, das Profil stark und hieratisch, die Hände groß, kalt und knotig, das Gesicht beherrscht von großen schwarzen Augen, glänzend wie Tollkirschen.
Erst in Trujillo, dann in Lima studiert er Literatur und Jurisprudenz. Er zieht in das erste jener elenden Hotels ein, in denen er bis zu seinem Tod leben wird; sein Anzug glänzt, er ist zu oft gebügelt worden; er hat kein Geld. Sein Brot verdient er sich als Volksschullehrer, ab und zu hilft er in einer Zuckerfabrik. Die Salons öffnen sich ihm nicht. Hinter den zauberhaften Fassaden aus der Kolonialzeit ist die triste Arroganz einer anachronistischen Aristokratie zuhause; der schöne Wappen- und Gitterschmuck der Stadthäuser deckt

den bornierten Feudalismus, der Perú regiert. Der Provinzler aus Santiago kommt in die Hauptstadt und findet die Provinz noch einmal, matter und unbarmherziger. Die Universität: ein Museum der kulturellen Verzögerung. Descartes gilt als die avancierteste Position des Rationalismus, Auguste Comte als Ausbund der Gewagtheit und Proudhon als satanischer Ketzer. Hoffnungslos wie die Verhältnisse ist der Widerspruch, der sich gegen sie erhebt: die Bohème von Trujillo und von Lima. Wie ein skandalöses Gerücht vernehmen die akademischen Proletarier des Landes die Stimmen Verlaines und Baudelaires. Sie lesen Whitman, Julio Herrera y Reissig und den Propheten der modernen lateinamerikanischen Poesie, Rubén Darío aus Nicaragua, an dessen lyrische Schattenschwäne, Gold- und Elfenbeintöne mancher Vers in Vallejos erstem Buch erinnert. Bohème aus zweiter Hand, unfruchtbar und ohne Ausweg ... Nichts erinnert an ihre vergessenen literarischen Duelle, an ihre betrunkenen Eskapaden, ihre erotischen Abenteuer und ihre Selbstmordversuche. Nur ein Smith & Watson-Revolver, der sein Ziel verfehlt hat, geistert durch die Erinnerungen seiner Zeitgenossen an Vallejos traurige Jugend.

Um das Jahr 1915 gab es in Perú, wie in allen südamerikanischen Ländern, Dichter zu Hunderten. Damals wie heute zählte die Literatur dort zu den bevorzugten Gesellschaftsspielen. Aber gab es überhaupt eine spezifisch peruanische

Literatur? Sie war ein Gespenst. Freilich fehlte es an Versuchen nicht, dem epigonalen Wust, der Imitation europäischer Muster etwas Eigentümliches entgegenzusetzen: *indigenismo* hieß die Parole derer, die es versuchten, das will heißen: eingeborene Literatur. Auch sie war, ohne es zu wissen, ein Derivat europäischer Ideen von Rousseau bis Wundt, nämlich folkloristische Geisterbeschwörung. Der Indio diente ihr als Ornament, das präkolumbianische Zeitalter als Dekor, das Besondre des eigenen Landes als exotischer Reiz à la *Salammbô*.

Als im Jahr 1918 *Die schwarzen Boten* in Lima erschienen, ein Buch (und vielleicht das erste), das wahrhaft Stoff vom Stoff und Geist vom Geist dieses Landes ist, erkannte sich Perú in ihm nicht wieder. Diese Gedichte erschienen trotz der modischen Spuren von Symbolismus, die sich darin finden, fremd und erratisch in den Konventikeln der Hauptstadt. Gerade seine eingeborenen Züge machten sie unkenntlich: ihr grenzenloser, ganz und gar unliterarischer, nämlich indianischer Pessimismus, ihre amorphe und chaotische Stärke, ihre Besessenheit vom Leben der unbelebten Dinge, der animistische Rest, altertümlich und neu. Gewiß, Vallejo spricht die Sprache des Aberglaubens, die Sprache der zerbrochenen Spiegel, der erlöschenden Kerzen, der flüsternden Meerschweinchen. Die Welt voller Zeichen: die Eule auf dem Dach, das Salz auf dem Tisch, der schwarze Karren auf dem Weg, der Hanf, die Glocken, die Spinnen sind Figuren in einem Buch der Natur, das seiner Entzifferung harrt.

Vallejo liest darin und schreibt; es wird erzählt, er habe sich als Kind die Mitra gewünscht. Ein Bischof ist nicht aus ihm geworden, aber ein Augur, halb Medizinmann, halb Prophet.

Er ist ein Opfer seiner Ahnungen; von seinem Unheil scheint er zu wissen, längst ehe es eintrifft. Im Juli 1920 kehrt Vallejo nach Santiago zurück, um seine Eltern zu sehen und die Fiesta zu feiern. Er gerät in eine jener blutrünstigen Kabalen, an denen die große und die kleine Politik Lateinamerikas es nie hat fehlen lassen: ein obskurer Skandal, ein korrupter Bürgermeister, betrunkene Gendarmen, eine erregte Menge, ein paar Schüsse, ein paar Kannen Petroleum, schließlich Verhöre, Steckbriefe und Haftbefehle. Neunzehn Einwohner von Santiago werden wegen Raub, Mord, Brandstiftung und Aufruhr angeklagt, unter ihnen César Vallejo. Er flieht und verbirgt sich, er wird ergriffen, ins Gefängnis von Trujillo gebracht und hundertdreißig Tage lang ohne Prozeß gefangengehalten. Dann wird er wegen erwiesener Unschuld freigelassen, das Verfahren schleppt sich noch bis 1929 fort und verliert sich dann im Staub der Akten.
Vom Trauma dieser Erfahrung hat sich Vallejo sein Leben lang nicht befreien können. Eine poetische Ungerechtigkeit liegt darin, daß er, der jede Ordnung, die er fand, als scheinhaft und betrügerisch verwarf, wegen eines Aufruhrs verfolgt wurde, an dem er unschuldig war. Mit dem unverbindlichen Widerspruch der Bohème war es vorbei; aber es

ist, als hätte er die anarchistische Revolte nicht gewählt, sondern erduldet. Er ergriff sie nicht, er ertrug sie mit dem abgrundtiefen Fatalismus seiner Rasse.
Das geistige Klima Perús hatte sich zu Anfang der zwanziger Jahre verändert. Die Unruhe Europas war bis in die ferne Echokammer der Provinz gedrungen. Die aufgeweckten jungen Leute von Lima fingen an, von allerlei neuen Ismen zu sprechen: hie Ultraísmo und Creacionismo, hie Futurismus und Dada. Durch die ökonomische Krise, die das Land nach dem Krieg erlitt, schien die alte Herrschaft erschüttert. Die mexikanische Revolution rumorte in den Köpfen. Im Klima einer ungenauen Provinz-Avantgarde sprach sich Vallejos Name zum ersten Mal herum: er war berüchtigt, fast berühmt.
Diesen Ruf verdankte er seinem zweiten Buch, einem Gedichtband, der den seltsamen Titel *Trilce* trug, das heißt: drei Sonnen, auch drei Sonnentaler. Ein Buch des Bruchs, der Revolte; ein Buch, von dessen Explosionen sich die traditionelle Ästhetik in Perú nie wieder ganz erholen sollte. Kein politischer Sinn war ihm auf die Stirn geschrieben. Es ist ein Zeugnis bodenloser Grübelei, selbstquälerischer Enttäuschung und individueller Frustration. Daß es als Angriff aufs Bestehende verstanden wurde, liegt allein an seiner unerhörten Sprache. Sie ist völlig autonom, weder von einheimischen Konventionen abhängig noch von den neuen Mustern der europäischen »Bewegungen«. Sie verstößt gegen alle Regeln, bis zur Gewaltsamkeit. Der Dichter ist nicht ihr Gärtner, er

ist ihr Demiurg. *Trilce* ist ein zutiefst erfinderisches Buch. Seine technischen Mittel, bewußter Solözismus, Entstellung gebräuchlicher Wendungen, Doppelsinn, semantischer Sprung und syntaktische Verschiebung, sind überraschend reich und neu. Ein verborgenes System von metaphorischen Schlüsseln geht durch das ganze Buch. Was es vor den gleichzeitigen und analogischen Erscheinungen Europas auszeichnet, ist jedoch die dauernde Spannung zwischen höchst artifiziellen und ganz alltäglichen Momenten in seiner Sprache. Vallejo ist des raffinierten Kunstdialektes spanischer Herkunft, der Sprache Quevedos und Góngoras, ebenso mächtig wie der elementaren Ausdrucksweise der Peones. Das Ineinander von extremer Kunstsprache und vernutzter Redensart ist seiner Poetik nicht äußerlich; es macht ihren Kern aus.

Vallejos Flucht nach Paris, eine Flucht ohne Wiederkehr, war seit 1920 für ihn beschlossene Sache. Die europäische Emigration ist für die schöpferische Intelligenz der südamerikanischen Länder von jeher eine Versuchung gewesen; viel von ihrer Kraft ist an ein vages Weltbürgertum verlorengegangen. Alle Wege scheinen für sie, heute noch, nach Paris zu führen, das in Buenos Aires und La Paz, in Managua und Lima nie aufgehört hat, als das Gravitationszentrum der Alten Welt zu gelten. Vallejo freilich ist nicht vor seiner Herkunft geflüchtet, nicht vor seinem Perú, das Santiago de

Chuco hieß, sondern vor Lima, der Hauptstadt aus zweiter Hand, dem trüben Sammelbecken brackigen Ehrgeizes und abgestandener Erfüllungen. Das Wort Provinz hat zwei Bedeutungen, die einander entgegengesetzt sind: es bedeutet das Abgeleitete und Zukurzgekommene, die gesellschaftliche und kulturelle Schimmelbildung – in Vallejos Augen: Lima – und das Autochthone, die Substanz der Herkunft – das war die Landschaft der Sierra und der Alltag der armen Leute in der dünnen Luft der Anden. In diesem Sinn ist César Vallejo ein Provinzler geblieben, solange er lebte. Er war kein Kosmopolit; sein Perú nahm er mit in jedes Exil.

Was ihm bevorstand, er ahnte es: »Gewöhne dich daran«, sagte er zu einem Freund, der ihn begleitete, »wenig zu essen. In Paris werden wir von Steinchen leben.« 1923 kamen sie an, und es begann die fürchterliche Litanei der elenden Hotels, der billigen Quartiere links der Seine: Hôtel Ribouté, Hôtel des Éscoles, rue Garibaldi, rue Molière, rue Delambre, Avenue du Maine; das Ritual jener Misere, die Paris für die Geblendeten bereithält, die sich ihm verschreiben: Petroleumkocher, verschmierte Treppenhäuser, schmutzige Bidets; Verlassenheit und Cafard. Dazu das Joch des Journalismus, in das sich Vallejo begab. Er schrieb für das Bureau des Grands Journaux Latino-Américains. Mochten die Zeitungen groß sein, ihre Honorare waren es nicht. »Briands direkte Diplomatie«, »Der Pariser Autosalon«, »Interview mit Poincaré«, »Isadora Duncans Begräbnis«, »Die Meister des Kubismus« – Artikel zu Hunderten, hastig und febril geschrieben, dazwischen Wochen, in denen er sein winziges Hotelzimmer nicht verließ. Es war freilich die große Zeit der Cafés vom Montparnasse. Im Dôme und in der Rotonde begegnete er Picasso und Gris, Tzara und Diego, Huidobro und Neruda, nahm teil an den Erregungen der Epoche, den konvulsivischen Debatten um den Surrealismus und die Volksfront, saß in der Tischecke dabei, verschlossen, großherzig, ohne Eitelkeit, ein düsteres Kind mit den Augen eines verurteilten Mannes.

Der Kommunismus war für einen Mann wie Vallejo, im Paris der Weltwirtschaftskrise, kein Problem. Er hat ihn nicht gewählt. Der Kommunismus traf ein für ihn wie andere, wie alle seine Ahnungen. Keine Rede von einer Bekehrung; eher ein langsamer, aber unwiderstehlicher Sog, dessen zunehmende Kraft an Vallejos journalistischem Tagwerk ablesbar ist: »Über die proletarische Literatur« (1928); »Die Lektionen des Marxismus« (1929); »An der russischen Grenze« (1929). Er hatte diese Grenze 1928 zum ersten Mal überschritten. Ein Jahr später besuchte er die Sowjetunion zum zweiten Mal – ohne irgendeine Unterstützung der sowjetischen Regierung anzunehmen, »als parteiloser Schriftsteller«, wie er selber sagt. Aber das Buch, in dem er über diese Reisen berichtet, hat ein Begeisterter geschrieben; einer, der im Kommunismus die einzige Hoffnung sah. (Ursprünglich wollte er es nennen: *Die Entdeckung der Welt;* erschienen ist es unter dem Titel *Rußland 1931. Reflexionen zu Füßen des Kreml* im Madrid der jungen Republik.)

Die Hoffnung galt den andern; für sich selbst hegte er keine. Solidarität war für Vallejo kein Fremdwort, sondern eine Leidenschaft, die bis zum Leiden ging, bis zur Preisgabe seiner selbst. So hat er nicht gezögert, seine Poesie zu verleugnen in dem rührenden Versuch, einen »proletarischen Roman« zu schreiben. *Wolfram* – so heißt er – handelt von den Deklassierten, den Armen und Beleidigten Perús. Es findet sich darin das Gespräch eines Arbeiters mit einem Intellektuellen. Darin scheint der Held des Buches zu seinem Autor zu sprechen:

»Es gibt nur eines, was ihr, die Intellektuellen, für die armen Peones tun könnt, wenn ihr uns wirklich helfen wollt: tut das, was wir euch sagen, hört auf uns, gehorcht unsern Anweisungen und unsern Interessen. Das ist alles. Das ist die einzige Art, auf die wir miteinander reden können, jedenfalls heute. Später werden wir weitersehen. Dann wird es unter uns zugehen wie unter Brüdern. Aber heute müssen Sie wählen. Wählen Sie!«

Vallejo hat gewählt, nicht aus Linientreue, sondern aus Solidarität. Ob er jemals Mitglied der Partei geworden ist, scheint zweifelhaft. Ein Kommunist nach dem Herzen der Kommunisten wäre nie aus ihm geworden. Er wußte nicht, was Taktik war. Seine Naivität war stärker als jede Doktrin. Die politische Lehre war eine Rationalisierung seiner Kondition und seiner stärksten Wünsche, die immer den anderen galten; daher die utopische und religiöse Färbung, die sein Kommunismus verrät. Er ist von seinem eignen, alten und dunkeln Blut getränkt, nicht vom frischen Blut des Stalinismus.

Am 29. Dezember 1929 wies die rechtsgerichtete Regierung Tardieu Vallejo als unerwünschten Ausländer »wegen seiner Zugehörigkeit zu kommunistischen Kreisen« aus Frankreich aus. Er ging mit seiner Frau Georgette nach Spanien. Dorthin war er schon drei Jahre vorher eingeladen worden: die spanische Regierung hatte ihm ein Stipendium angeboten. Trotz seiner Armut hatte Vallejo es ausgeschlagen, weil er in Primo de Riveras Diktatur nicht leben wollte.

Seine Madrider Jahre waren vielleicht die glücklichste Zeit seines Lebens. Er entfaltete eine erstaunliche politische und literarische Aktivität. Er sah den Sieg der Republik, bei deren Ausrufung er zugegen war; er gewann die Freundschaft von García Lorca, José Bergamin, Rafael Alberti, Antonio Machado, Pedro Salinas und Luis Cernuda; auch Unamuno ist er begegnet. Außer dem Rußlandbuch und dem *Wolfram*-Roman schrieb er eine Erzählung, mehrere Dramen, die nie aufgeführt worden sind, und zahlreiche Essays. Zum ersten Mal fühlte er sich auf einem Platz, wo er nützliche und sinnvolle Arbeit leisten konnte.

Was ihm Spanien bedeutet hat, sollte sich 1936 zeigen, als die Faschisten sich gegen die Republik erhoben. Vallejo war nach Paris zurückgekehrt, in die alte Misere. Seine Verträge mit dem Zeitungs-Syndikat hatte er wegen seiner politischen Haltung eingebüßt. Er lebte monatelang von Reis und Kaffee. Die spanischen Ereignisse verfolgte er, sie verfolgten ihn so erbarmungslos, daß seine Gesundheit zugrunde ging. Die Republik wollte ihn als Propagandisten nach Südamerika entsenden; er weigerte sich, das Geld des kämpfenden Landes anzunehmen und, blieb in seiner Matratzengruft.

Die Poesie, die er jahrelang fast vergessen hatte, brach in dieser Zeit mit vulkanischer Kraft neu hervor. Sie kreiste um Spanien. *Spanien, nimm diesen Kelch von mir* heißt das Buch, das er damals schrieb; die Soldaten der republikanischen Miliz sollen es im Feld gesetzt und auf primitives, selbstgeschöpftes Papier gedruckt haben. Die Rohbogen gingen im Zusammenbruch der katalonischen Front unter.

Das Spanien, von dem diese Gedichte heimgesucht sind, ist keine Figur auf dem Schachfeld der internationalen Politik, sondern ein neues Israel; sie künden nicht von einer ideologischen Auseinandersetzung, sondern von einem Martyrium, von Spaniens babylonischer Gefangenschaft und seiner fernen Erlösung. Ihre Inspiration ist keine Idee, sondern eine Erfahrung: die Erfahrung des Schmerzes.

Keine Philosophie begründet und trägt Vallejos letztes Werk, die *Poemos humanos.* Doch läßt sich nur philosophisch sagen, was der Schmerz darin bedeutet: er ist nicht Thema, sondern

Existential, wie Kierkegaards Verzweiflung, Sartres Ekel. Er ist das Wesen aller Furien seines Lebens, die sich in diesen letzten Monaten um sein Bett versammeln. Ihr Blick tilgt aus dem, was er schreibt, die letzte Spur artistischer Attitüden. Das brillante technische Können, das sich in *Trilce* erwiesen hat, ist selbstverständlich geworden, eingeschmolzen im Feuer des Schmerzes. Das ermöglicht Vallejo, bis zum äußersten zu gehen: zum äußersten Pathos, zum äußersten Sentiment, zum äußersten Humor. Diese Gedichte scheinen wehrlos und sind nicht angreifbar, weil darin Poesie und Existenz zur Deckung kommen. Täuschen wir uns nicht: das ist ein sehr seltener Fall. Alle äußeren Bedingungen künstlerischer Produktivität in unserm Jahrhundert sprechen dagegen. César Vallejo ist zutiefst unzeitgemäß. Unzeitgemäß ist nicht allein die Unbestechlichkeit, mit der er seinen Untergang akzeptierte; unzeitgemäß auch seine Unschuld. So hat er auf dem beharrt, was uns, nach zwei Weltkriegen, nur noch ein Achselzucken wert ist: auf der Solidarität der Toten und der Lebendigen; auf der Armut, die wir für erledigt halten, indes zwei Drittel aller Menschen hungern; auf dem Schmerz, von dem zu sprechen uns anstößig scheint; und auf der Hinfälligkeit unserer Ordnungen, die wir, am Vorabend der Katastrophe, für unverrückbar erklären.
Im März 1938 wurde César Vallejo in ein Krankenhaus am Boulevard Arago eingeliefert. Er war erschöpft und hatte Fieber. Blutproben, Analysen, Röntgenuntersuchungen ergaben keinen Befund. Die Krankheiten, an denen Vallejo

litt, waren der Medizin unbekannt. Die eine hieß Spanien, die andere, eine sehr alte, sehr ehrwürdige Krankheit, gegen die kein Medikament zu Gebot stand, war der Hunger. Am Karfreitag 1938 ist Vallejo Hungers gestorben.

Tjøme (Norwegen), Februar 1963 H. M. E.

Der Übersetzer dankt für Rat und Hilfe: Walter Boehlich in Frankfurt am Main; Georgette Vallejo in Lima; Edith Aron in Meudon; Rafael Gutiérrez Girardot in Bonn; und Horst Statkus in Basel.

# Bibliographie

## Werke von César Vallejo

*Los heraldos negros*. Gedichte. Lima 1918.
*Trilce*. Gedichte. Lima 1922. Zweite Auflage, mit einem Vorwort von José Bergamín, Madrid 1930.
*Escalas melografiadas*. Prosa. Lima 1923.
*Fabla salvaje*. Erzählung. Lima 1923.
*Rusia en 1931. Reflexiones al pie del Kremlin*. Reisebericht. Madrid 1931.
*El Tungsteno*. Roman. Madrid 1931.
*Poemas humanos*. Gedichte. Paris 1939.
*España, aparta de mí este caliz*. Gedichte. Paris 1939.
*Antología de César Vallejo*. Auswahl. Buenos Aires 1942.
*Poesías, Cuentos*. Auswahl. Lima 1944.
*Antología*. Auswahl. Lima 1948.
*Novelas: Tungsteno. Fabla salvaje. Escalas melografiadas*. Lima 1948.
*Poesías completas*. Buenos Aires 1949.
*Novelas y cuentos completos*. Francisco Moncloa, Editores, 1967.
*Obra poética completa*. F. Moncloa Editores, 1968.
*Obra Completa*. (in 9 Bänden). Ed. Laia, Barcelona, 1976. (Bislang drei Bände erschienen.)
*Poesia Completa*. Ed. Crítica von J. Larrea, Barral, Barcelona, 1978.

## Werke über César Vallejo

Xavier Abril, *Vallejo.* Lima 1958.
Ciro Alegría, *El César Vallejo que yo conocí.* Cuadernos americanos 6, 1944.
Jorge Eduardo Eielson, *La Poesía contemporanea del Perú.* I. Lima 1946.
Alfonso Mendozo, *César Vallejo en el proceso de la poesía peruana.* Lima o. J.
Luis Monguió, *César Vallejo. Vida y obra, bibliografía, antología.* New York 1952. (Mit ausgezeichneten Literaturangaben.)
Francisco Izquierdo Ríos, *Vallejo y su tierra.* Lima o. J. (1949).
Antenor Samaniego, *César Vallejo. Su poesía.* Lima 1954.
J. M. Valverde, *Notas de entrada a la poesía de César Vallejo.* Cuadernos hispano-americanos 7, 1949.
James Higgins, *Visión del hombre y de la vida en las últimas obras de C. Vallejo.* Siglo XXI, 1970, México.
Juan Larrea, *C. Vallejo, héroe y mártir indohispano.* Montevideo, Bibl. Nacional, 1973.
Juan Larrea, *El amor en Vallejo.* Buenos Aires, 1974.
Mario Jorge de Lellis, *César Vallejo.* Buenos Aires, Ed. Mandrágora, [2]1966.

José Miguel Oviedo, *César Vallejo*. In: *Biblioteca Hombres del Perú*. Ed. Universitaria, 1964, 1ª serie, 10 vols., Vol. X, pp. 57–155.
Saul Yurkiévich, *Fundadores de la nueva poesía latinoamericana*. Barcelona, Ed. Barral, 1971, 11–51.

Suhrkamp Verlag GmbH
Torstraße 44, 10119 Berlin
info@suhrkamp.de
www.suhrkamp.de